EL CORAZÓN DE AKASHA

LA BELLEZA DE LA MEDITACIÓN

Primera Edición: Abril de 2025

© Editorial Nous
Camino de Zagán, 9
28694 Sierra Oeste de Madrid
editorial@dharana.org

ISBN: 978-84-129573-7-2
Depósito Legal: M-8179-2025

Producción: Noumicon

Impreso en papel ecológico

FSC BOSQUES PARA TODOS PARA SIEMPRE

Impreso en España. Printed in Spain

www.editorialnous.com
www.dharana.org

EL CORAZÓN DE AKASHA

LA BELLEZA DE LA MEDITACIÓN

ANDRÉIA MULLER
ELENA PILES
JUAN RAMÓN BLANCO
JULIÁN SÁNCHEZ
LINA WELTSCHEWA
LLUÏSA VÁZQUEZ
MARIA OLID
MARTA BORT
MÓNICA ESGUEVA
MONTSE FUSTÉ
OLGA MARTÍNEZ
PURI GARCÍA
RAMON RABINAD

VICENTE MERLO
(ED.)

nous
EDITORIAL

ÍNDICE

INTRODUCCIÓN

VICENTE MERLO

Hace unos siete u ocho años que un grupo de amigos y conocidos comenzamos a reunirnos en un piso de uno de los miembros del grupo para meditar juntos. Nos habíamos conocido en un curso que impartí en Casa Asia sobre "Meditación en el hinduismo y el budismo". Con el paso del tiempo, los momentos que compartimos comenzaron a revelar su sacralidad, y surgió la idea de crear una asociación y abrir un centro de meditación para poder compartir con más personas esa atmósfera mágica que se creaba en cada meditación.

Comenzó la búsqueda de un lugar adecuado y finalmente decidimos establecernos en la Plaza de la Torre, 2, bajos, en Barcelona, muy cerca de la Plaza Lesseps.

Los años no pasan en vano. El grupo fue cobrando vida propia, algunas personas pasaban y no volvían, otras lo hacían de manera irregular, algunas se fueron quedando con nosotros y formando parte del corazón de Akasha.

El grupo de meditación comenzó a compartir un chat de WhatsApp para comunicarnos todo lo referente a la meditación. Ese grupo fue creciendo, mucho más que el propio grupo de meditación, pues entre quienes nos fueron visitando hay un buen número que no vive en Barcelona y no pueden venir regularmente a la meditación de los jueves a las 19h., pero han seguido estando con nosotros a través del chat.

Hace poco surgió la idea de elaborar conjuntamente un libro, entre todos los miembros del grupo (meditadores o chateadores) que lo desearan y nos pusimos manos a la obra. Pronto se me ocurrió el título que se anuncia también en esta introducción: "El corazón de Akasha".

También lleva un subtítulo: "La belleza de la meditación". Esto remite a una experiencia anterior del mismo grupo, con una obra titulada, justamente "La belleza del silencio", que publicamos en 2019. Los componentes del grupo han ido cambiando, como cambian las células de todo organismo vivo, pero "el corazón de Akasha" ha permanecido. De todos modos, esta expresión no hace referencia tanto a las personas que siguen reuniéndose con nosotros, como a la realidad sutil que se ha ido creando o a la que hemos ido sumándonos. De hecho, el Akasha es ese espacio sutil, esa sustancia consciente, esa entidad, esa memoria de lo real en donde queda grabado todo cuanto ocurre, dando lugar a lo que suele llamarse los "registros akáshicos", que cada vez un mayor número de personas parece poder leer. Es el "campo akáshico", del que habla también Erwin Laszlo, en un sentido más científico. Este término sánscrito hace referencia a ese campo de energía sutil, más sutil que los cuatro elementos conocidos en nuestro mundo material (tierra, agua aire, fuego) y del que forma parte el espacio de nuestro corazón (*hrdaya–akasha*), el espacio de nuestra mente (*cit–akasha*) y el espacio de nuestra conciencia (*cid–akasha*).

En última instancia, puede decirse, pues, que constituye el campo de conciencia–energía en el cual "vivimos, nos movemos y tenemos nuestro ser". de modo que "Akasha" puede servir de símbolo a esa realidad profunda que todos compartimos y de la que formamos parte.

Cuando pienso en "el corazón de Akasha", o cuando en la meditación de los jueves (a la que quizás podríamos llamar "Meditación Akasha") decimos que el corazón de Akasha se abre a la luz dorada que desciende desde lo alto y que nuestros corazones se funden con el corazón de la Tierra, y a fin de cuentas con "el corazón de lo sagrado", apunto a ese centro adimensional en el que se funden nuestros corazones, el de cada uno de los participantes, el corazón de nuestra madre Gaia ("ese gran bodhisattva que tenemos bajo nuestros pies" y nos sostiene con un amor incondicional) y el corazón del inefable infinito sagrado.

***

¿Y de qué va este libro? –podría preguntarse, con toda razón, quien se acerca curiosamente a él–. Pues, como se puede suponer ya, va de "el corazón de Akasha", corazón que se ve reflejado de manera múltiple en la expresión de cada uno de los corazones que han decidido participar en esta ofrenda floral que se quiere ofrecer a toda la humanidad y a lo divino mismo. Por ello, si bien puede decirse que la meditación constituye el hilo conductor de la mayoría de las reflexiones, esto ha de entenderse en un sentido amplio. La práctica de la meditación, estando unidos físicamente en ese *Espai* (espacio) Akasha, es el centro de nuestras actividades, pero cada uno puede expresar libremente en esta publicación que tejemos entre todos, lo que alberga en el fondo de su corazón y quiere compartir en esta ocasión.

Así, por ejemplo, tal como dijimos cuando empezamos a acariciar la idea de este texto, si alguna de las distintas personas que tiene el don de la "canalización" decide escribir sobre ello, es bienvenida. Si otra persona tiene una disposición especial para el canto sagrado, mántrico, que también forma parte de la meditación en Akasha, puede escribir sobre su experiencia con ese canto en la meditación. O, por poner un último ejemplo, dado que también los cuencos, de cuarzo y tibetanos, suenan en la meditación, sería hermoso que de algún modo apareciera en esta obra, En fin, en cualquier caso, no estaría de más compartir la experiencia de quien escribe con la meditación–akasha.

Por tanto, esta obra estará encantada de reflejar la multiplicidad de puntos de vista que constituyen la riqueza de la unidad que compartimos, una diversidad de experiencias, de vivencias, de reflexiones, de sentimientos que se unifican en el corazón de Akasha.

LA MEDITACIÓN AKASHA

VICENTE MERLO

Me gustaría describir lo que he comenzado a llamar "La Meditación Akasha", pues a menudo me preguntan qué meditación hacemos en Akasha, supongo que esperando escuchar algo así como "meditación Zen", "vipassana", "mindfulness", "raja–yoga", etc. Y como, en realidad, no es nada de eso exactamente, decidí hablar de meditación akasha.

Imaginad que habéis venido por primera vez a este Espacio sagrado que llamamos Akasha. Las sillas y las colchonetas, para que cada uno elija sentarse como más cómodo esté, están colocadas en círculo. En el centro del círculo hay una mesa con cuatro velas; tres de ellas formando un triángulo equilátero, apuntando hacia el este, la cuarta en el centro del triángulo.

Desde hace tiempo nos hemos acostumbrado a este pequeño ritual que consiste en encender las velas al mismo tiempo que pronunciamos La Gran Invocación. Cada vela con una estrofa. Esta sugerencia fue tomada de Omnia (Ghislaine Gualdi/Pastor)[1], una influencia importante para mí. Este Gran Mantra, presen-

1 Puede verse la conferencia/transmisión de Ghislaine Gualdi/ Pastor (Omnia) en el Apéndice I, con el título "Consejos para meditar".

tado por Alice Ann Bailey hace ya tiempo, y recitado en grupos espirituales del más distinto cuño, dice así:

Desde el punto de Luz en la mente de Dios
Que afluya Luz a las mentes de los hombres
Que la Luz descienda a la Tierra

Desde el punto de Amor en el corazón de Dios
Que afluya Amor a los corazones de los hombres,
Que Cristo retorne a la Tierra

Desde el centro donde la Voluntad de Dios es conocida,
Que el Propósito guíe a las pequeñas voluntades de los hombres
El Propósito que los Maestros conocen y sirven.

Desde el centro que llamamos la raza de los hombres,
Que se realice el Plan de Amor y de Luz
Y selle la puerta donde se halla el mal.

Que la Luz, el Amor y el Poder
Restablezcan el Plan en la Tierra

Esta Invocación, pronunciada tras visualizar un círculo de luz, de fuego, alrededor del grupo, basta para abrirnos a la atmósfera psico–espiritual que impregna ya el Espacio (de) Akasha. A partir de ahí, el Silencio reina con su elevada vibración.

Silencio sagrado vibrante que se ve entrelazado por la Vibración de los cuencos de cuarzo y de los cuencos tibetanos (con sus siete metales), tocados por Olga y por las palabras de quien dirige la meditación. De modo que Silencio, Voz y Vibración tejen la atmósfera cargada de luz amorosa.

***

En ocasiones he realizado una distinción entre "Meditación esencial" (M.E) y "Meditación integral" (M.I.). Si bien la primera constituye, a mi entender, la esencia de la meditación, también está incluida en la segunda, la que llamamos "meditación integral", pues, como cabía esperar contiene aquella, pero añade algunos pasos más.

Más concretamente, la "Meditación integral" puede dividirse en tres partes, tres momentos. Un momento ascendente, un momento cumbre y un momento descendente. El primero es tiempo de "Armonización". El segundo lo es de "Realización esencial". El tercero de "Integración e Irradiación".

La meditación esencial, que es la esencia de la meditación, no se caracteriza por seguir un proceso, un delineamiento, unos pasos; no consiste en hacer algo determinado, con el cuerpo o con la mente; no es una acción más entre otras. Es un "dejar ser al Ser", un "dejar caer cuerpo y mente". O, como me gusta decir: Meditar es "descan–Ser", descansar en el Ser. En la M.I. puede hallarse (implícitamente, intencionalmente) en el comienzo mismo, o antes del comienzo, e impregna cada uno de los pasos; pero sobre todo su experiencia más clara puede darse en lo que hemos llamado el "momento cumbre".

Como habitualmente no vivimos centrados en ese no–lugar, en ese "espacio no–local" que constituye nuestro verdadero corazón esencial, conviene preparar nuestro campo áurico (individual y colectivo, aquí entrelazados con toda claridad) mediante un proceso de "armonización". Este consta de cuatro pasos:

1. *Relajación del cuerpo físico*: dirigimos la atención a nuestro cuerpo, tomando conciencia de la postura y aflojando las tensiones innecesarias para la postura. Llenamos nuestro cuerpo de conciencia y de amor. Amo mi cuerpo y agradezco su existencia. Puedo recorrerlo por partes: los pies, las piernas, los brazos, el tronco, el cuello, la cara, la cabeza en su conjunto. Relax.

2. *Concentración en la respiración*: el movimiento de la respiración, detectado en el vientre y el abdomen es tomado como objeto de nuestra concentración. Es el momento más centrado en el cultivo de la concentración. La atención se dirige como un rayo láser a un solo lugar, en este caso la respiración. Y cada vez que nos hacemos conscientes de que se produce una distracción y nuestra atención se dispersa, atraída por algunos pensamientos o por cualquier serie de contenidos de nuestra conciencia, con toda paciencia, volvemos a llevarla al movimiento de la respiración. Inspiramos conscientemente. Espiramos conscientemente.

3. *Escucha de nuestro tono emocional*: a través del ritmo de la respiración ascendemos hasta la paz del corazón. Si hay algún estado emocional o afectivo sutil que llame nuestra atención podemos escucharlo durante unos instantes, pero, sin aferrarnos a ello, tratamos

de instalarnos en ese fondo de paz que vamos descubriendo. Y dejamos el corazón en paz, abierto, radiante. Y ahí descansamos en el centro de nuestro ser. Nuestro corazón se funde en un océano de amor y de gozo.

4. *Observación de los pensamientos y percepción del silencio mental*: nuestra atención va ascendiendo hacia nuestro campo mental. En un primer momento, podemos observar los pensamientos e imágenes que atraviesan el campo de nuestra conciencia, pero sin aferrarnos a ellos, sin subirnos al tren de pensamientos. En realidad, tras unos instantes de observación de los contenidos de nuestra conciencia, nos importa más el silencio vibrante que comenzamos a percibir entre pensamiento y pensamiento, por debajo de ellos, impregnándolos, constituyendo el campo en el que los vemos aparecer y desaparecer. Nuestra mente se diluye en un océano de silencio luminoso.

Todo nuestro ser, nuestra consciencia, nuestro campo áurico, se ha ido armonizando. Llegamos al momento cumbre, la experiencia del Silencio. Aquí cesan las palabras, cesan los pensamientos. En todo caso, de vez en cuando, sugerimos una palabra que sirva de símbolo, como soporte o trampolín para la contemplación: Silencio. Vacuidad luminosa. Conciencia pura. O, simplemente, Presencia.

Somos la Presencia no–dual, no–local, sin nombre, sin forma. La Presencia amorosa que somos desde siempre y para siempre.

Ahí podemos quedarnos el "tiempo" que queramos, aunque en realidad es esa dimensión que está más allá del espacio y del tiempo, pero también constituye el corazón de todo lo que acaece en el espacio y el tiempo, por eso más importante que el posible cese, la detención, de los procesos de nuestra mente, nos importa descubrir ese espacio inespacial, ese lugar ilocalizable en el que tienen lugar todos los procesos, esa no–dimensión en la que caben todas las dimensiones, todas las sensaciones, todos los sentimientos, todos los pensamientos.

La meditación puede terminar ahí. Ojalá la experiencia se convierta en realización y uno pueda pasar cada vez más tiempo, también durante la vida cotidiana, en ese nuestro verdadero hogar, y desde ahí vivir la vida, a una nueva luz, desde un nuevo silencio interior, desde un verdadero amor incondicional.

Quizás lo más característico de la M.I. es el tercer momento, el momento descendente, en el que pasan a un primer plano la Integración y la Irradiación. Cada paso, idealmente, debe conservar el anterior. Así la Armonización permanece en el momento cumbre de Realización. Podríamos decir que este es el momento akasha, pues una de las metáforas, de los símbolos, que puede utilizarse para describir y evocar este estado es el de Espaciosidad, de Espacio luminoso sin límites, el Espacio de la Conciencia sin fronteras, el Espacio que es Conciencia–Energía. Y todo eso puede ser indicado con el término Akasha.

Y ambos frutos, la armonía y el silencio profundo conviene que permanezcan para que el momento descendente, que, este sí, vuelve a ser un "hacer", tenga sentido y de lugar a una acción transfigurada.

Del mismo modo que diferenciamos varias fases en el momento ascendente, podemos distinguir igualmente varios momentos en la fase descendente.

Pero, antes de emprender el camino de descenso, hay que tener en cuenta que, en las tres fases de la meditación integral, leer la descripción no es lo mismo que vivir la experiencia de la meditación. Sobre todo, porque aquí faltan los silencios, el silencio de fondo, los tiempos de silencio, que son fundamentales, que son las rendijas por las que se cuela el Silencio fuera del tiempo, el Silencio de la Conciencia pura, el Silencio de la Vacuidad luminosa, el Silencio de la Presencia amorosa. Quizás una lectura reposada, una lectura meditativa, pueda aproximarnos un poco más a la experiencia de la meditación.

Comencemos el descenso, recordando que intentamos mantener la conciencia del silencio interior, sin caer en la identificación con los procesos mentales, sin quedar embotellados en los pensamientos, tal como generalmente vivimos. Ni que decir tiene que la duración de cada paso depende del tiempo de que dispongamos, y que no siempre se trata de recorrer todos los pasos, uno a uno. Lo que haré aquí es presentar un mapa de posibilidades, de avenidas de investigación y de experimentación diferentes y que en la Meditación Akasha tendemos a simplificar.

Una vez escalada la cima de esta alta montaña, a través del proceso de ascenso armonizador y estabilizados en ese Silencio radiante de la conciencia expandida, descansando en ese Espacio/Akasha más allá de todo pensamiento, de toda palabra, de toda acción, sin pretender nada, sin desear nada, sin esperar nada, simplemente experimentando una inefable Plenitud, integramos la contemplación extática en la acción sutil y operamos como un diestro cirujano cuando utilizamos nuestra atención, nuestra visualización, nuestra intención, cual bisturí de alta precisión.

Así, pasamos a dirigir nuestra atención a lo Alto, visualizando un Sol dorado, brillante, radiante, cuyos rayos descienden hasta nosotros y hacia todo el planeta, iluminando nuestras mentes y la Noosfera planetaria, intensificando la lucidez silenciosa en la que nuestra mente había quedado.

Reposamos en esa intención visualizadora, convirtiendo nuestro campo mental en un campo de luz.

Al cabo de un tiempo prudencial volvemos a visualizar la luz dorada, imaginando que esa Luz dorada amorosa desciende hasta nuestros corazones, inundándolos de amor y compasión, convirtiéndolos en canales del Gozo de ser, desbordándose a partir de la Paz que se había instalado en nuestro corazón, ya en el momento ascendente. El corazón de cada uno de los meditadores se funde en el Corazón de Akasha y este en el Corazón de la Tierra, latiendo al unísono, como un solo Corazón.

Sin perder la luminosidad de nuestra conciencia y la "amorosidad" de nuestro corazón, comenzamos a respirar conscientemente esa su Luz dorada, que se manifiesta también como Energía radiante y Poder sanador. Con la respiración consciente, esa poderosa luz amorosa inunda todo nuestro cuerpo físico, así como el cuerpo físico y etérico, del planeta, llegando a cada una de nuestras células, imprimiendo una nueva frecuencia vibratoria que armoniza y sana.

De este modo, el aspecto Conciencia (Chit) se carga de Energía (Shakti) y todo ello conduce a una especie de transfiguración sutil en la que hasta el cuerpo físico lo imaginamos iluminado, un cuerpo físico de luz.

Con nuestro corazón lleno de una inmensa Gratitud por las bendiciones recibidas, queremos compartir con toda la humanidad y todo el planeta, todos los reinos (mineral, vegetal, animal, humano, angélico, celestial) esto que estamos viviendo, que estamos "inter–siendo".

La meditación podría terminar aquí, pero desde que Lina W. está con nosotros en las meditaciones pasamos a disfrutar de sus cantos sagrados, sea en forma de mantras, en forma de armónicos, en forma de cantos compuestos por ella misma (como esa deliciosa composición titulada "Yo soy luz"), de modo que su cantar forma ya parte integrante del proceso meditativo.

En cualquier caso, si Lina no ha podido asistir, concluimos cantando todo el grupo tres veces OM para cerrar el proceso.

En algún momento, tratamos de "salir" de la meditación, concediendo especial importancia a esos instantes en los que volvemos a recuperar el pensamiento, la palabra, el movimiento. Pero, es también el momento de integración consciente, tratando de no perder el silencio que permanece tras los pensamientos y las palabras, ni la quietud interior que perdura, aunque comience el movimiento. Así cultivamos un modo más consciente de escuchar, de hablar, de movernos, de manera espontánea, sin rigideces mentales, experimentado cómo el habla, el diálogo, puede no romper el silencio, sino recrearlo; cómo el movimiento puede no quebrar la quietud interior, sino realzarla. Y de este modo, manteniendo la armonización, el silencio interior y la irradiación natural, integramos todo ello en la vida cotidiana, posibilitando la transformación facilitada por la meditación integral.

***

Destaquemos algunos aspectos del momento descendente de la meditación integral. En primer lugar, al "descender" de las alturas silenciosas de la montaña de nuestra conciencia, recuperamos nuestra mente, pero con una nueva actitud y una nueva valoración de la misma, pues se trata de una mente transformada. Por una parte, hallamos una "mente receptiva", pues la calma, incluso el silencio, en que ha entrado, la convierte en un terreno capaz de dejarse fecundar por semillas más luminosas. Una mente receptiva a lo que procede de lo Alto, y que por eso mismo se vuelve una "mente creativa", pues deja de dar vueltas alrededor de lo ya conocido, de los datos acumulados en nuestra memoria, de los conocimientos poseídos, de los patrones mentales grabados en nuestra mente inconsciente, oscura, pesada. Creatividad como aportación de expresiones, respuestas más adecuadas y oportunas, no hace falta que sean creaciones deslumbrantes, a veces ya es significativo el poder ver con mayor claridad, gracias a la lucidez silenciosa cultivada, la respuesta que conviene dar a determinada situación, respuesta que surge espontáneamente, no procedente de las vueltas en bucle propias de la mente mecánica, repetitiva. Así pues, cobra un nuevo valor nuestra mente, como mente iluminada, mente receptiva, mente creativa.

Descubrimos también que la mente posee la destacada posibilidad de ejercitar la imaginación creadora, a través de la visualización. El poder de la visualización dirigida es grande, es uno de los secretos. Recordemos que, en buena parte de las meditaciones asociadas a las tradiciones tántricas, tanto hindúes como budistas, la visualización, generando imágenes (como parte de esa triple característica de las tradiciones tántricas, en las que las tres "Ms" son muy importantes: mantra, mudra, mandala) desempeña un papel muy importante. En nuestra propuesta de meditación akáshica no se trata de visualizar mandalas, yantras, ni de realizar mudras ni de hacer japa, repetición de mantras, aunque cada una de esas posibilidades deja abierta una fascinante avenida de investigación, algo en lo que no entraremos ahora, por más que valoremos la práctica mántrica y la práctica con mudras, así como la contemplación de símbolos con profundo significado, algo relacionado con la visualización mandálica.

De hecho, son puertas abiertas que se integran con facilidad en una meditación integral. Especialmente el canto mántrico, como sucede a veces en Akasha, tal como hemos insinuado.

Ahora bien, no solo la mente con una nueva capacidad de pensar más lúcidamente y de visualizar más vívidamente, son reconocidas y recuperadas en ese momento descendente de la meditación, sino también el corazón y sus múltiples maneras de expresión sutil. Hemos visto cómo nuestros corazones se sienten en paz y abiertos al descenso de ese Amor incondicional luminoso, transpersonal, convirtiéndose en canales de todo ello. Pues bien, eso puede cultivarse de manera intencional, como se hace en algunas meditaciones budistas tibetanas, como en Tönglen o en Phowa, donde la compasión y la bondad amorosa irradian hacia algún objeto elegido en la meditación, sea una persona, un colectivo de personas, un pueblo, una situación, un lugar geográfico, etc. O bien, invocando la Luz primordial, o un Ser que para nosotros encarne esa luz infinita, nos entregamos en sus brazos, sea para ir a meditar, para ir a dormir o en la despedida definitiva de nuestro cuerpo actual.

Permitimos, más allá de cualquier intención egoica, que ese amor compasivo fluya a través de nosotros y bañe el corazón de nuestra Madre Gaia, de donde también procede, y de todos sus hijos, todos los seres humanos y todos los reinos de la naturaleza.

La meditación se convierte así en una verdadera aventura en la que las barreras entre lo superior y lo inferior, entre lo interior y lo exterior, desaparecen, o al menos se difuminan, para sentirnos fractales holográficos del gran Corazón del Cosmos multidimensional en el que vivimos y tenemos nuestro ser.

Estás invitado a compartir esta Meditación Akasha y sentirte en el Corazón infinito al que nos abrimos.

MEDITAR, ACONTECER TRASCENDENTE

RAMÓN RABINAD

Conocí a Vicente Merlo en 1996, durante el desarrollo de una Jornada sobre el Diálogo Interreligioso organizada por la Fundación Joan Maragall.

Se fueron sucediendo las distintas ponencias sobre judaísmo, hinduismo, budismo, etc. Latía en el ambiente la idea de que las distintas religiones, metafóricamente, son como diferentes ríos que desembocan en el mismo mar.

Entonces, Vicente, que hablaba como experto en hinduismo, aportó una idea que dejó al auditorio pensativo (a mí, probablemente, al que más):

"¿Y no será que, aunque vayan al mismo mar, van a distintas orillas?"

Contacté con él al final de sesión y le pedí bibliografía sobre el tema. Entonces yo aún no sabía que Vicente estaba allí como experto en Sri Aurobindo, por haberle dedicado su tesis doctoral, haber escrito ya varios libros interpretando sus enseñanzas y haber vivido dos años en la India, en su Ashram (Pondicherry) y en Auroville.

Me recomendó leer a Vicente Beltrán Anglada, Antonio Blay, Rudolf Steiner, lo hice, pero ya no he dejado de estar en contacto con él.

Empecé a Meditar con él en el Centro de Yoga que regentaba su esposa María José Portal, allí invitó a varios conocidos suyos, expertos en distintas disciplinas: budismo, Ken Wilber, etc. Di mis primeros pasos en meditación y empecé a descubrir el mundo de la "presencia integral". Me invitó a contar mi experiencia en su libro *Plenitud Radiante* en 2009.

En 2019, un grupo de "meditantes" que le seguían en los cursos que impartía en Casa Asia, sintieron la necesidad de tener un espacio propio donde practicar la Meditación, me uní a su entusiasmo y, con su esfuerzo y generosidad, nació Akasha, espacio para meditación, arte y terapia.

Todavía seguimos en activo algunos de los fundadores y nos sentimos reconfortados al acoger en nuestro local, cada jueves a las 19h., a todos aquellos que vienen a disfrutar del privilegio de un espacio de silencio, según palabras de Joan Cammany, uno de nuestros colaboradores, que imparte cursos sobre La experiencia Advaita occidental.

Meditar sigue siendo un acontecer trascendente, que me ayuda a asimilar la exclusiva existencia del momento presente en nuestra terráquea dimensión, ligada al devenir de sucesivas experiencias extracorpóreas, que nos tienen que llevar a nuestra propia orilla, de ese mar que acoge a todos los seres que participan con nosotros en esta gran fiesta.

¡Gracias Vicente!

MUSA ES INSPIRACIÓN

OLGA MARTÍNEZ

Hace ya algunos años...

Meditaba sola; bueno, la verdad es que meditaba con mi gata "Musa". Nos dejó a sus 17 años y me costaba muchísimo sentarme sola a meditar, cada vez que lo intentaba me era imposible contener las lágrimas.

De modo que, decidí buscar un grupo de meditadores para poder superarlo.

Así fue como contacté con Vicente, quien me recibió con los brazos abiertos. Más tarde supe que él nos recibe así a todos (¡ja, ja!).

Me dio un abrazo que sentí especialmente luminoso, uno de esos abrazos en los que reconoces al otro. ¡Sin más!

Gracias Vicente

***

De modo que la señal estaba clara. Mi Musa, desde donde estuviese, me señaló el camino.

Nos reuníamos en casa de una de las personas del grupo de meditadores.

Yo fui por primera vez a casa de Marisa. Su hijo (e.p.d.) me recibió con un bonito abrazo y de su mano, me mostró la sala con las sillas en círculo. Gracias, Omar, a ti también por mostrarme el camino.

Y allí empezó mi experiencia akáshica, sentada en la silla, visualizando ese círculo de luz dorada que nos envuelve y recoge como almas de luz que viajan juntas, formando parte de un todo.

Formar parte de Akasha es como "comprender" ser gota y formar parte del océano, comprender desde otro lugar más profundo: Desde mis células, desde la consciencia del Ser.

Bajo mi percepción, a veces limitada y otras expandida, es Vicente Merlo el guía que abre las puertas del corazón y le seguimos.

Nos indica el camino a un lugar seguro y de profunda calma donde unas veces entras y otras observas los pensamientos o las tensiones innecesarias, que se van soltando y se disuelven sin más al ser observadas.

En algunas ocasiones, tocando los cuencos, tibetanos y de cuarzo, puedo sentir más en profundidad las energías sutiles.

Es una sensación compartida por el grupo, que con el sonido de los cuencos es más fácil el cese de los pensamientos.

¡Lo que vibra en el corazón, se irradia!

Conseguimos a través del grupo que se irradie la paz, el amor, la gratitud y lo compartimos con el mundo, esto es lo que sucede en Akasha.

En el cuerpo sutil percibo la vibración que con la vibración de los cuencos se encuentra, se fusiona y es un baile musical guiado por estos.

Llegamos al silencio; escondido entre sonidos de la calle, de vecinos que llegan o se van.

El silencio que se va espesando y expandiendo en el Ser, tomando el protagonismo de mi atención, cada vez más centrada en él.

En un nuevo y gran descubrimiento íntimo, me doy cuenta de que lo externo queda flotando en la superficie y yo me adentro en el silencio.

Así como entro poco a poco en el mar y percibo las sensaciones corporales, también ahora me dejo sentir cómo la calma y la luz me envuelven a través del profundo silencio.

Llega el momento más difícil de todos para mí, cuando nuestro querido guía nos invita a "integrar la palabra en el silencio", manteniendo ese estado de serenidad y seguir descansando en el Ser.

Que la voz se exprese "caminando de puntitas", sin desbaratar la calma conseguida... integrando así ¡el cielo en la tierra!

A veces nos ayuda Lina a volver con dulzura a la vibración del cuerpo a través de su canto, que también juega con los silencios.

Confieso que, sin pensarlo, solo sintiendo, me sorprende el regalo de ser consciente de la vida en el "ahora".

Y si a alguien le cuesta volver, se encarga mi querido "Woky" (mi perro guía) de mostrarle el camino de regreso a besos.

¡Eso, si no es él quien se quedó tocando el cielo!

LA BELLEZA DE LA PRESENCIA

MÓNICA ESGUEVA

A medida que exploramos las profundidades de la meditación, se hace evidente que el camino hacia la paz interior y la conexión no se encuentra únicamente en técnicas específicas, sino en el cultivo de un estado de ser particular. Este estado de ser, impregnado de una conciencia superior, nos lleva a la esencia de nuestra existencia espiritual.

Por eso me gustaría profundizar sobre cómo los principios de la Atención Plena, es decir, de estar completamente presente, pueden enriquecer y profundizar nuestro entendimiento y práctica de la meditación que busca la Unidad, mejorando la belleza de nuestras meditaciones. La Unidad, en términos espirituales, es la reconexión con nuestra verdadera naturaleza, con la Divinidad, el cosmos, lo Absoluto. La atención plena nos permite disolver las barreras del ego, permitiendo una comunión más profunda con el universo. Meditar con la intención de alcanzar esta Unidad implica no solo estar presentes, sino también ser uno con todo lo que existe, experimentando la interconexión divina que subyace en cada átomo de la creación.

Asimismo, adoptar un enfoque consciente en nuestra vida diaria nos permite vivir cada día desde un espacio de silencio y amor interno, extendiendo los beneficios de nuestra meditación a nuestras acciones e interacciones con los demás. Este silencio interior no es simplemente la ausencia de ruido; es el espacio donde resuena la vibración de la paz universal. Al vivir desde este espacio, nuestras interacciones se vuelven más compasivas, más llenas de amor y entendimiento, porque cada acción se refleja en la Conciencia universal. Cada gesto, cada palabra, cada idea se convierte en una expresión de nuestro ser más profundo, alineado con la esencia Divina.

A medida que navegamos las aguas profundas de la meditación, descubrimos que su esencia trasciende las técnicas y se arraiga en un estado de presencia sagrada. Este estado no es un logro, sino un recordatorio de nuestra naturaleza esencial: la Conciencia pura que observa, sin identificarse con las olas temporales de la mente. La Atención Plena, lejos de ser una herramienta utilitaria como comúnmente se presenta hoy en día, puede emerger como un ritual espiritual, un acto de reverencia hacia el instante eterno que somos. Al integrarla en prácticas como la meditación Akasha, no solo enriquecemos nuestra experiencia, sino que nos alineamos con el latido mismo del universo, donde silencio, voz y vibración se entrelazan en una sinfonía cósmica.

La Atención Plena como Acto de Presencia Divina

En el corazón de la Atención Plena yace un principio místico: el presente es el único lugar donde lo eterno se manifiesta. Cuando observamos sin juicio –ya sea la respiración, un sonido o el flujo de pensamientos–, nos convertimos en testigos, en observadores inmutables de lo que sucede dentro y fuera. Este acto de presencia no solo calma la mente, sino que disuelve la ilusión de separación.

En la meditación Akasha, por ejemplo, el silencio no es ausencia, sino plenitud vibrante. Al aplicar la Atención Plena aquí, trascendemos la dualidad entre "quien medita" y "lo meditado", permitiendo que el Ser se revele en su desnudez primordial. Como dice el Bhagavad Gita: "El sabio ve lo mismo en un sacerdote que en una vaca, en un elefante que en un perro" –la mirada consciente unifica.

La vida cotidiana como templo de lo Sagrado

La verdadera maestría espiritual no reside en el cojín de meditación, sino en cómo llevamos la sacralidad a lo ordinario.

La plena conciencia nos enseña a estar en el ahora con totalidad, sin la distracción de la mente que constantemente nos lleva al pasado o al futuro. Esto nos permite no solo observar sino también participar en la danza del universo en este mismo instante. Cuando estamos completamente presentes, el tiempo y el espacio se dilatan, permitiendo que la realidad espiritual se revele en su plenitud.

Cuando tratamos de vivir plenamente en el momento presente, sin perdernos en pensamientos, elucubraciones y preocupaciones varias, cuando dirigimos nuestra atención al aquí y ahora, es cuando podemos observar nuestras experiencias con apertura, curiosidad y sin juicio. Aquí, en este estado de ser, encontramos la verdadera libertad espiritual. La observación sin juicio es un acto de aceptación, de amor incondicional hacia todo lo que es, lo cual es la esencia del amor divino.

La Atención Plena, arraigada en tradiciones como el Zen y el Vipassana, nos invita a ver cada acción –desde lavar un plato hasta escuchar a un ser querido– como un mandala efímero, una ofrenda al momento presente. Al vivir desde el espacio de silencio interno, nuestras interacciones se impregnan de apertura, bondad y amabilidad. Este enfoque transforma la existencia en una danza consciente con lo divino, donde incluso el conflicto se convierte en una oportunidad para afinar nuestra evolución y desarrollo, para poder volver a nuestro estado natural de Unidad.

La meditación profunda y la Atención Plena: vibración, silencio y la disolución del ego

La meditación profunda que a menudo pone énfasis en el sonido primordial, en el OM o en el Yo Soy, nos recuerda que toda forma es vibración condensada. La Atención Plena amplifica esta comprensión: al cantar un mantra o resonar con una nota, no solo utilizamos la voz, sino que nos hacemos eco del universo. El silencio que sigue no es vacío, sino el receptáculo de lo inmanifestado, el espacio de la no–forma y la potencialidad del Todo. Aquí, la práctica consciente nos guía a un estado de espontaneidad natural, donde dejamos de "hacer" meditación para ser meditación.

La clave quizás yace en soltar el control. Como enseñan los místicos sufíes: "El amor es el puente entre tú y Todo". Al observar sin juzgar –ya sea un pensamiento intrusivo o una emoción densa–, permitimos que el ego se disuelva en el océano de la conciencia. Este es el verdadero significado de "dejar ser al Ser": reconocer que nuestra verdadera identidad es el espacio ilimitado que contiene todas las formas, pero no está limitado por ninguna.

La Unidad como realización de la interconexión cósmica

La sabiduría ancestral –desde los Upanishads hasta el budismo– nos señala que la separación es una ilusión. La Atención Plena, practicada con profundidad, nos lleva a esta revelación: al estar plenamente presentes, notamos que el aire que inhalamos fue exhalado por un árbol, que la luz que nos baña viajó desde una estrella, que cada célula guarda memoria del Big Bang. En este despertar, la meditación ya no es un acto individual, sino un acto de conexión con lo infinito. Como escribió Rumi: "No eres una gota en el océano. Eres el océano entero en una gota".

Integrar la Atención Plena en la meditación y en la vida cotidiana no es solo un método, sino un viaje de regreso al origen, un reconocimiento de que la paz que anhelamos ya habita en el núcleo mismo del presente porque nosotros somos esa Paz.

Esta integración es un acto de devoción, una ceremonia silenciosa donde cada instante se revela como un portal a lo eterno. Al practicar la presencia consciente, no solo disolvemos las ilusiones del ego y la separación, sino que nos alineamos con el ritmo sagrado de la existencia, donde cada latido del corazón resuena con el pulso cósmico.

La verdadera belleza de este camino yace en su simplicidad radical: no hay que conquistar lo divino, no hay nada que alcanzar más allá, solo hemos de dejar de ocultarlo tras las máscaras de la mente.

Cuando vivimos desde la Atención Plena, incluso lo mundano se transfigura porque lo miramos con otros ojos, sin el filtro de la narrativa que todo lo enjuicia, lo clasifica, lo analiza, lo etiqueta.

Un abrazo, una risa, una lágrima, se convierten en ofrendas al ahora, en notas de una sinfonía infinita donde lo humano y lo divino se funden. Como enseña el Tao Te Ching: "El Tao que puede ser nombrado no es el Tao eterno". Del mismo modo, la presencia no puede reducirse a palabras; es el silencio que las sostiene, el vacío fértil donde germina la vida.

Al encarnar este estado de ser, nos convertimos en espejos pulidos de lo absoluto. Nuestras acciones ya no brotan de la fragmentación y la carencia, sino de la comprensión profunda de que cada gesto es un hilo en el tejido cósmico. Lavar un plato, dar la mano a un ser querido, o caminar sobre la hierba, se transforman en actos rituales, en danzas sagradas que celebran la unidad inherente, la gratitud y la alegría de la vida.

La meditación transcendente nos recuerda que incluso el silencio es una forma de canto: un mantra sin palabras que entona "Yo Soy" en armonía con el universo.

Esta es la paradoja última: cuanto más nos anclamos en el presente, más nos expandimos hacia lo infinito. La presencia consciente nos desnuda de las historias que nos contamos, de los roles con los que nos identificamos y de expectativas que nos limitan, dejando al descubierto la Esencia luminosa que siempre ha estado aquí, en nuestro interior. Como escribió el poeta persa Hafiz: "Desde el principio, tú eras el sol. Solo una nube de pensamientos te ocultaba". Al disipar esas nubes con atención amorosa, recordamos que no somos meros buscadores espirituales, sino la propia búsqueda, el camino y la meta. Y que aquello que tanto buscábamos lo alojábamos ya en el corazón de nuestro Ser.

Así, la vida se convierte en una oportunidad para conectar con lo sagrado, donde cada momento tiene su importancia y cada ser guarda la chispa de la Divinidad. La meditación ya no es una práctica aislada, sino el latido constante de un corazón despierto. Y en ese despertar, descubrimos que la verdadera Unidad no es algo por alcanzar, sino un abrazo eterno que siempre nos ha sostenido. La belleza de la presencia, entonces, no reside en su fugacidad, sino en su capacidad de revelar lo imperecedero: el aquí y ahora como la única puerta hacia el siempre.

Y así me digo a mí misma: No busques más allá de esta experiencia. En la quietud de este instante, el universo entero se inclina para susurrarte: "No estás sola. Tú eres yo, y yo soy tú. Siempre lo hemos sido".

ESCRITOS INSPIRADOS

ANDRÉIA MULLER

EL SILENCIO, EL ESPACIO Y EL SER

El universo, en su inmensidad, es sostenido por algo que no puede ser visto, tocado o medido: el silencio. Es en ese silencio donde todo comienza y donde todo vuelve a disolverse. Sin embargo, el silencio no es ausencia ni vacío; es la matriz donde reside la plenitud, la vibración primordial que sostiene la existencia. Es el telón de fondo sobre el cual la danza de las formas, del tiempo y de las emociones se despliega, y es, al mismo tiempo, el portal hacia la comprensión del Ser.

El silencio no puede ser creado, porque es la base inmutable de todo lo que es. Está presente incluso en medio del ruido, en la pausa entre una palabra y otra, en el momento de transición entre el día y la noche, en el aliento que se retira antes de regresar. Este silencio no pertenece al mundo de lo manifestado, pero lo impregna todo. Solo se revela a aquellos que aprenden a detenerse, a escuchar con una profundidad que trasciende los sentidos. Quien penetra en el silencio, entra en contacto directo con lo eterno.

El silencio, sin embargo, no es simplemente un estado de la mente o una ausencia de actividad. Es una puerta, una invitación a descubrir aquello que es más vasto que cualquier pensamiento, emoción o percepción: el espacio infinito que todo lo contiene, el testigo eterno que observa sin juicio, el Ser.

El Espacio: La Manifestación de la Infinitud

El espacio no es algo que simplemente "está ahí"; es la presencia viva que sostiene la creación. Sin espacio, las formas no podrían existir; sin espacio, no habría movimiento ni interacción. Pero el espacio no está limitado a lo físico. Existe un espacio interno, igualmente vasto, que es el reflejo del infinito en nosotros. Este espacio interior es donde la mente, las emociones y los pensamientos surgen y se disuelven, pero no pueden definirlo ni limitarlo.

Al mirar el cielo nocturno, algo en nosotros se expande. No es la mente la que responde, sino algo más profundo, algo que reconoce en la inmensidad externa un eco de nuestra propia naturaleza. Somos espacio, no como una idea poética, sino como una verdad que trasciende lo conceptual. En este espacio, no hay carencias, no hay fronteras; todo lo que ocurre es bienvenido, porque nada puede dañarlo o modificarlo.

La naturaleza del espacio es la libertad absoluta. Permite que las formas existan y se transformen sin apegarse a ninguna de ellas. Así también es nuestra naturaleza esencial: inmutable, inafectada por las tormentas de la vida, capaz de sostenerlo todo sin perder su pureza. Pero olvidamos esta verdad cuando nos identificamos con lo pasajero, con el ruido de la mente y las emociones. Recuperar esta conexión con el espacio interno es recordar que, en nuestra esencia, somos libres.

El Silencio como Puerta al Corazón

El silencio nos abre a esta comprensión. Cuando el ruido de los pensamientos se calma, lo que queda no es vacío, sino plenitud. El silencio no elimina nada; simplemente revela lo que siempre ha estado presente. En este silencio, el espacio interno se hace evidente. Es como un océano que ha estado oculto tras las olas de la mente, pero cuya inmensidad nunca dejó de estar allí.

El espacio interno no está separado del espacio externo. Lo que llamamos "dentro" y "fuera" son solo perspectivas creadas por la mente. En realidad, todo espacio es uno, y ese espacio es la manifestación directa del silencio. No hay necesidad de llenar este espacio ni de buscar algo en él, porque ya contiene todo lo que somos. En su vastedad, encontramos el reflejo perfecto de nuestra naturaleza esencial: infinita, abierta y sin límites.

El Ser: El Testigo Inmutable

Más allá del silencio y del espacio, está el Ser. Pero incluso al decir "más allá", estamos usando las limitaciones del lenguaje, porque el Ser no está separado de ellos; es su esencia, su raíz. El Vedanta nos recuerda que el Ser no es algo que pueda ser descrito o capturado por la mente, porque es anterior a ella. No es un objeto que podamos ver, ni una experiencia que podamos alcanzar. Es lo que somos, aquí y ahora, antes de cualquier pensamiento o percepción.

El Ser es el testigo silencioso de todo lo que sucede. Observa sin identificarse, sin aferrarse, sin rechazar. Es como el cielo que permite que las nubes lo crucen, pero nunca se ve afectado por ellas. Incluso cuando el cielo está cubierto, su inmensidad permanece intacta. Así también, el Ser está siempre presente, aunque nuestra atención esté atrapada en las formas transitorias de la vida.

Reconocer el Ser no es un acto de creación; es un acto de recuerdo. Es como despertar de un sueño en el que creíamos ser algo limitado y darnos cuenta de que siempre hemos sido infinitos. En este despertar, el silencio y el espacio se revelan no como experiencias separadas, sino como expresiones de lo que somos.

El Encuentro con lo Eterno

Cuando el silencio profundo se establece, el espacio infinito se hace evidente, y en ese espacio, el Ser se revela. No como algo nuevo, sino como lo que siempre ha sido. Este encuentro no es un logro, porque no hay nada que alcanzar. Es un reconocimiento, un regreso a casa.

El silencio nos libera del ruido del tiempo. El espacio nos libera de las ataduras de la forma. Y el Ser nos libera de la ilusión de la separación. En esta comprensión, desaparecen las distinciones entre el que observa, lo observado y el acto de observar. Todo es uno, y ese uno es infinito.

Vivir desde esta comprensión no significa apartarse del mundo, sino verlo como realmente es: un juego de formas que surgen y se disuelven en el espacio infinito del Ser. En este estado, no hay conflicto, porque no hay nada que defender. No hay miedo, porque no hay nada que perder. Todo lo que sucede es bienvenido, porque todo es visto como parte de la misma totalidad.

El Viaje de Regreso

El silencio, el espacio y el Ser no son tres cosas distintas, sino tres aspectos de una misma realidad. El silencio nos lleva al espacio, el espacio nos lleva al Ser, y el Ser nos revela que siempre hemos sido libres. Este viaje no es un movimiento hacia algo nuevo, sino un regreso a lo que siempre hemos sido.

La verdadera libertad no está en escapar del mundo, sino en habitarlo con la certeza de que no somos sus prisioneros. En el silencio, encontramos la paz que no depende de las circunstancias. En el espacio, encontramos la inmensidad que nunca puede ser limitada. Y en el Ser, encontramos la verdad de nuestra naturaleza eterna.

Todo lo que buscamos ya está aquí, en este momento. No hay nada que agregar, nada que quitar. El silencio, el espacio y el Ser son nuestra esencia, y reconocerlos es despertar a la plenitud que siempre ha estado presente. Allí, en esa quietud infinita, descubrimos que no somos los actores del drama de la vida, sino el escenario eterno donde todo se despliega.

DONDE ESTÁ TODO

MONTSE FUSTÉ

Todo está aquí, como siempre estuvo. La voz lejana del tiempo se oye con claridad, atravesando lo que creemos historia y es apenas un aliento. Sin desgarrar el silencio, trae el recuerdo de la cueva oscura que se disuelve en grietas para dar paso a la luz. En la línea del horizonte, lagos inmensos de aguas serenas aguardan en la eternidad la memoria de cuando partimos a vivir nuestra aventura.

Todo está aquí, como siempre estuvo. Vibrante de belleza luminosa al alcance de una inhalación. Llegan aromas sutiles de resinas frescas, que se expanden para recordarnos que el velo separador cada vez es más fino y, permite aspirar, en la existencia, el aliento que proviene de lo invisible, mientras los armónicos cabalgan el sosiego tranquilo de la meditación silente. Es el amor que late en sístoles y diástoles, incansable, en la respiración del mar y en la del hombre, tomando fuerza y devolviendo el recuerdo gozoso para expandirlo a los sentidos. Así llega, al agua y a la tierra, con la sangre y en la carne, el gozo de lo inabarcable.

Todo está aquí, como siempre estuvo. El honor de participar en ello durante los aconteceres de una vida plena, en convivencia con miedos, errores, mentiras y atisbos de verdad esperanzada, agradecidos a las grietas que abren el paso de la luz. Una entusiasta humanidad se despereza del sueño, que ha tenido adormecida su belleza durante siglos de esclavitud, encadenada a la ignorancia de sí. Bravos guerreros en sus cárceles, encuentran la libertad y llevando su mano al corazón, toman la llave que abre la mirada a la conciencia de una realidad que parecía invisible y que pronto eclipsa lo único que creían conocido.

Todo está aquí, como siempre estuvo. Al alcance de la conciencia agradecida, de la alegría del recuerdo y el camino que se abre a medida que se resquebraja y diluye la oscuridad que nos ha cobijado tanto tiempo. La luz, vehículo e instrumento, eternamente incorporado en el proyecto oculto de lo genuinamente humano. Destinados a ser soles, avanzamos hacia la configuración definitiva sin hacer ruido, con la bondad de la sabiduría y la humildad en la victoria. Se escuchan sinceras plegarias en las corrientes de los ríos, al tiempo que la vegetación de los bosques entona fervientes sonidos de adoración al creador. La naturaleza expresa su gloria cuando la humanidad en pie, con los ojos abiertos, compasiva y lúcida, levanta la mirada reconociéndose y agradeciendo el viaje que la trae aquí, donde está todo y siempre estuvo, la conquista del diseño del Ser Humano Verdadero.

LA BELLEZA DE LA MEDITACIÓN: UN VIAJE INTERIOR

MARTA BORT

No soy el cuerpo. Soy dueño del cuerpo
No soy esta mente. Soy el dueño de la mente.
No soy el espíritu. Soy el dueño del espíritu.

LÍDIA ROSELL

La meditación es bella, como todo lo bello se tiene que cuidar, y la mejor manera de hacerlo es practicar.

En un mundo donde el ruido y la prisa dominan nuestra rutina diaria, la meditación se nos presenta como un remanso de paz, como una herramienta poderosa para alcanzar un estado de armonía y bienestar.

Cuando practicamos meditación, nos situamos en el presente. Los pensamientos se disuelven como nubes en el cielo y la mente entra en calma. No hay distracciones externas.

Es fantástico explorar la belleza inherente de la meditación. Las sensaciones, el gozo, la conexión cada vez más profunda con lo que somos.

La meditación es mucho más que una técnica. Es el camino que nos acerca a nuestro Ser. Nos ayuda a llevar a cabo la transformación del ego hacia el Yo. Es lo mismo que ir del no ser al Ser, de la oscuridad a la Luz, de la muerte a la Eternidad.[2]

Su belleza intrínseca radica en la capacidad de revelar la esencia pura de la existencia, permitiéndonos experimentar y observar el presente con claridad y sin juicios.

Sentimos el ritmo de nuestra respiración, los latidos del corazón, fijamos nuestra atención en el diafragma y lo vamos relajando, permitiendo que su movimiento sea cada vez más ligero y fluido. La noción del tiempo y del espacio va desapareciendo y los pensamientos, que a menudo compiten por acaparar nuestra atención, se convierten en susurros hasta llegar el silencio. No hemos de hacer, ni esperar nada, solamente estar, descansar y escuchar el silencio.

Adentrarse en la meditación es abrir una puerta hacia uno mismo, un espacio donde las distracciones del mundo exterior se desvanecen, dejando lugar a una conexión íntima con nuestra esencia.

En los primeros momentos de la práctica, es posible que la mente esté inquieta.[3] La Bhagavad Gita, (6.35) nos dice: "… que la mente es inquieta y en verdad difícil de adiestrar. No obstante, mediante la práctica y la liberación frente a las pasiones, sin duda la mente puede domarse."[4] Con paciencia, desapego y perseverancia,[5]

---

2 Lídia Rosell, *Libertad consciente*, Manresa, 2023.

3 En el segundo aforismo de *Los Yogasūtra de Patañjali*, primer libro Samādhipādaḥ, (1.2) "Yoga es la detención de los procesos mentales." Traducción de Óscar Pujol

4 Traducción de Juan Mascaró

5 En el segundo aforismo de *Los Yogasūtra de Patañjali,* primer libro Samādhipādaḥ, (1.12) "La detención [de los

la mente, al igual que un lago de agua quieta, clara y tranquila, así se va quedando quieta, clara y tranquila. Si las aguas se vuelven a agitar, conectamos con nuestra respiración y así las aguas vuelven a aquietarse.

En el plano físico, la meditación trae consigo una sensación de relajación profunda. Los músculos se suavizan, la tensión acumulada se disuelve.

En el plano emocional, la meditación a menudo trae una sensación de liberación. Sentimientos reprimidos pueden emerger con suavidad, permitiéndonos observarlos, sin analizarlos ni juzgarlos, solamente los dejamos pasar.

Llegado este momento siempre me imagino que estoy en mi corazón y allí encuentro una flor, mi flor. La observo: su color, su olor, la textura de sus pétalos. Junto a mi flor dejo que los sentimientos pasen. Me gusta depositarlos sobre las aguas de un río y observar cómo se alejan. Este proceso es profundamente sanador. Mi corazón se llena de gratitud, alegría y una paz profunda que no depende de factores externos.

La meditación asea la mente, eliminando el desorden de pensamientos innecesarios y dejando espacio a la claridad y el enfoque. Al limpiar las impurezas, podemos avanzar en el camino espiritual. Cuando empezamos a incorporar la meditación en nuestras vidas, el propósito real es llegar a dominar la mente y así conseguir la verdadera libertad.

Con el paso del tiempo, la forma de ver la vida, la manera de actuar, de valorar las expe-

---

procesos mentales] se produce mediante la práctica y el desapego." Traducción de Oscar Pujol riencias… cambia. El entorno también cambia y la capacidad de adaptarnos a la vida aumenta y concuerda en cómo somos, cómo sentimos y cómo lo vivimos.

La experiencia personal durante la meditación es, en esencia, un retorno al hogar. Es un recordatorio de que en el Silencio encontramos las respuestas que buscamos; y que, en la quietud, descubrimos nuestra verdadera naturaleza. Todo ser humano, busca la felicidad. Luchamos por tener y se nos olvida ser. Solamente en nuestro interior la encontraremos.

El Āyurveda nos dice que el origen de toda enfermedad es un estado de tristeza. El Yoga nos dice que el ser humano se compone de cinco cuerpos y van desde la intensidad más sutil a la más tosca. Estos cuerpos actúan cada uno de forma individual, pero al mismo tiempo son una unidad. Trabajan colaborando en el equilibrio energético, unos con otros, favoreciendo la unidad.

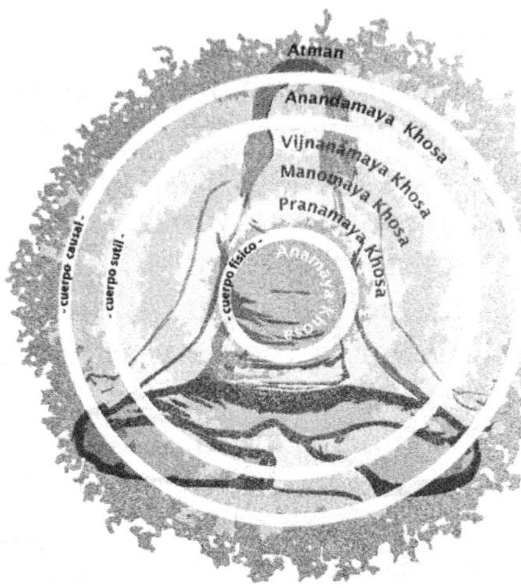

Cada cuerpo es un aura y tiene una capacidad energética distinta.[6]

Cuando hay un bloqueo en nuestro estado de felicidad, surge una grieta en Ānandamaya kośa. Si no ponemos ningún remedio esta grieta irá afectando a los demás kośas hasta llegar al cuerpo físico.

A través de meditación reforzamos el cuerpo mental, Manomaya kośa. Tenemos el poder de dirigir el prāna en la dirección del pensamiento. Todo esto nos ayudará a mejorar y mantener nuestra salud.

La mente occidental necesita que las cosas sean tangibles. La ciencia ha demostrado que la meditación va mucho más allá de ser una práctica espiritual o filosófica y cuenta con una sólida base de evidencias que respaldan los beneficios de la meditación.

Se ha comprobado que en las personas que practican meditación regularmente, esta impacta de manera positiva en la salud física (Annamaya kośa), en la salud emocional (Prānamaya kośa está muy relacionado con las emociones) y en la salud mental (Manomaya kośa).

Al promover y aumentar el equilibrio físico, la concentración y claridad mental, aumentar la empatía y compasión hacia uno mismo así como hacia los demás, fortalecemos el cuerpo intuitivo (Vijñānamaya kośa). Es el puente entre la mente individual y la universal. Es la sabiduría, el discernimiento y el intelecto. Nos permite conectar con nuestro Ser.

Así, practicando la meditación, estaremos más cerca de sanar la grieta en Ānandamaya

6 Lídia Rosell, *Libertad consciente*, Manresa, 2023

kośa, acercándonos al estado de gozo y contentamiento. Todo ser humano busca la felicidad y la armonía para poder gozar de paz interior.

Cuando se hace meditación en grupo, la experiencia es enriquecedora, trasciende la práctica individual y ofrece un sentimiento de comunidad y conexión más profunda con los demás. Vivimos en un mundo donde las interacciones personales a menudo se sienten superficiales o fragmentadas. La meditación en grupo nos brinda la oportunidad de compartir un espacio de introspección colectiva y crecimiento mutuo.

Uno de los mayores beneficios de la meditación en grupo es la energía compartida. Cuando varias personas se reúnen con la intención común de meditar, se genera una sinergia que potencia la experiencia personal. Esta energía colectiva puede sentirse como un campo vibratorio que fortalece la concentración y crea un ambiente de apoyo mutuo. Compartir la práctica con otras personas, crea una comunidad donde cada individuo se siente respaldado y comprendido. La energía de uno amplifica la de los demás, ayudando a que todos alcancen un estado más profundo de calma y claridad.

La meditación en grupo combina los beneficios de la práctica individual con la conexión humana. Nos damos cuenta de que, aunque nuestros caminos sean diferentes, nuestras experiencias están entrelazadas, creando una atmósfera de apoyo y unidad. En estos espacios de silencio compartido, donde respiramos juntos como un solo organismo, sintonizamos con una energía que nos lleva hacia un propósito común. Sat– Chit– Ananda.

Aprendí de Vicente Merlo, entre otras muchas cosas, que la meditación no termina. Con la meditación "todo nuestro campo áurico ha sido purificado, armonizado, pacificado, iluminado e impregnado del amor compasivo que ahora corresponde irradiar."[7] En definitiva, meditar es regresar a casa, al lugar donde siempre hemos pertenecido: nuestro propio ser.

Me uno a la petición:[8]

¡Que la Luz descienda sobre la Tierra!
¡Que el Amor descienda sobre la Tierra!
¡Que la Fuerza de lo Sagrado descienda sobre la Tierra!

7 Vicente Merlo, *Meditar es Descansar en el Ser*, Madrid, Mandala, 2020, p. 57.

8 *Ibid.* p. 59.

LUMINOSA SEA TU VIDA

LINA WELTSCHEWA

HERMANDAD ESPIRITUAL

Estáis experimentando grandes cambios. Estáis experimentando movimientos internos muy importantes, cada uno de vosotros. La ciencia y la religión, como se conocían hasta día de hoy, se están desmoronando, derrumbando estructuras antiguas.

La nueva vida, la nueva Era, el nuevo mundo, requiere nuevas formas, requiere que los corazones estén en concordancia con lo que muestran en la materia y en su vida diaria como humanos. Aunque puede haber turbulencias, confiad que vuestro vuelo volverá a estabilizarse. A veces, como sabéis, las tormentas son incómodas pero necesarias.

Las realidades visibles y las invisibles se acercan, los trajes viejos y las máscaras se sueltan para dar paso a nuevas experiencias.

Volverá un tiempo primordial en el que cada Ser será consciente de su potencial, humano, divino, creador.

En la unidad se encuentran las respuestas, unidad interna, unidad entre mente y corazón, unidad en todos los niveles.

Quizás habéis escuchado o leído del gran despertar, despertar masivo. Está sucediendo, desde el interior de cada Ser.

Cuando os sentís en conexión con vuestro corazón, en calma, en confianza, es ahí donde podéis palpar una realidad mucho más amplia, una verdad que os ayuda e invita a superar los miedos, a sortear obstáculos.

Siempre recordando que a cada paso podéis respirar en vuestro centro.

A pequeña escala, a gran escala, integrando, incluyendo, las partes que aparentemente ahora están separadas o representan polos opuestos.

Emocionante será para vosotros este camino, el camino de descubrimientos, de abrir vuestra percepción y ser parte de una humanidad en la que ciencia y espiritualidad son uno, en la que el crecimiento personal lleva a una vida plena de amor y entrega, cada uno en su lugar óptimo, sabiendo que aquí y ahora la manifestación de la espiritualidad más elevada es la vida misma.

Una vida humana consciente de su divinidad, gozando entre todos y festejando, celebrando desde esa conciencia, hasta que llegue el momento de viajar hacia otro lugar, entonces ya con la misma plenitud y consciencia, sabiendo que el vuelo continúa.

Desde el corazón de la Fuente para ti:

"Yo soy la luz, el amor y el conocimiento, tomando forma en tu corazón.

Yo soy dicha, yo soy plenitud, yo soy música y soy amor."

Desde el corazón de la Fuente

Os decimos en nombre de todos los Guías que vuestro Guía interno se está despertando con gran fuerza e ímpetu. No calléis esa voz interior, no paréis el flujo de la verdad, pues la verdad fluye a través de vuestros corazones sin parar, sin dejar tregua. Si sentís un peso en el pecho, preguntaos de dónde viene. ¿Es el ego? ¿Es por no hacer caso a lo que en el alma sentís correcto para vosotros?

No hay Guía externo más poderoso que el Maestro interno. El Maestro externo, si así lo deseáis, puede indicaros sugerencias, pero nunca decidir por vosotros ni dar ningún paso sin vuestro permiso. El máximo respeto en equilibrio de mente y corazón, el camino suave y pausado es posible. No hay que sacrificar la paz del ser humano teniendo prisa por volveros divinos. ¿Y si ya lo sois?

El regalo de la coherencia es encontrar la verdad desde cada corazón, cada alma en sintonía y coherencia con su verdad interna. Nunca será pacífico el camino forzado. ¿Para qué luchar por iluminarse?

El único maestro en última instancia se escucha dentro.

Dentro, dentro, dentro.

La esencia que te hace latir

(Desde el corazón de la Fuente, un mensaje para todos.)

Escuchad. Escuchad vuestra propia presencia. Escuchad cómo late vuestro corazón. ¿Quién lo hace latir?

¿Puedes sentir tu corazón vibrante más allá del órgano? Sí. ¿Puedes sentirlo más allá de tu cuerpo? Sí, siéntelo bien, y si no lo sientes ahora, recuerda algún momento de tu vida cuando todo estaba tan relajado y abierto que lo podías sentir hasta donde tus ojos podían ver y hasta donde tus oídos podían percibir.

Entonces, ¿cuál es la esencia que te hace latir, mover, amar, mirar? Piénsalo, pero piénsalo ahí en el corazón, deja de luchar. Deja de combatir, deja de competir. Hay un corazón que lo abarca todo, absolutamente TODO. Toda la creación hasta los últimos confines y hasta el punto más profundo de tu interior.

Sí, lo más profundo y lo más lejano llegan al mismo sitio. Un lugar – no lugar, el punto de fin y comienzo, el lugar de partida y transformación, el lugar que reúne todas las cosas visibles e invisibles.

Sigue la espiral y siéntelo, vuelve a ti y vívelo.

Estás aquí para encarnarlo muy conscientemente y con la alegría y dicha de saberte eterno en el movimiento infinito, hasta el punto cero, y desde el punto cero volviendo a abrir las alas.

Gratitud y humildad como pautas en ese camino. Todo puede ser bello si lo miras con estos ojos: gratitud y humildad.

Expansión y recogimiento

La luz dorada es el hilo conductor.

Siéntela, respírala, reflejo de tu ser, del Ser.

Palabras hay muchas, todas llevan al mismo lugar dentro de ti. Palabras como ríos, como gotas, todos los caminos tienen un único propósito, de llegar más allá de las palabras; sentir, realizar, que en la profundidad se encuentra la inmensidad, la inmortalidad y la eternidad.

Punto de partida y centro de vuelta.

Expansión y recogimiento.

Respira la verdad, experimenta el balanceo de la existencia entre un extremo y otro por la vía del medio. En un suspiro, en un inhalar y exhalar del universo, se crea y descrea toda la existencia.

Medita, canta, expresa esta vía de conexión entre expansión y vuelta a casa.

Luminosa sea tu vida

Luminosa sea tu vida, lo será si la miras con gratitud.

En cada experiencia puedes fomentar y cultivar el lado luminoso. Ni siquiera es un "lado" luminoso y otro no tan luminoso. Todo, todo se mueve atraído por la luz. Hasta darse cuenta de que esa gran luz que veía fuera, la veía solo por la chispa divina luminosa de su interior. Todo, sin excepción, forma parte de esa Gran Luz.

Tú no estás separado de mí. Ni tu luz, ni tu conciencia, ni tu corazón. Hasta tus pensamientos, a veces confusos, y tus emociones que abarcan todo el abanico de la experiencia humana, todas las posibilidades. Donde estás tú, estoy yo.

Ángeles, Arcángeles, Guías; esferas, energías... cada ser según su cultura, educación, herencias y creencias lo percibe de la manera y en la forma que le hace comprender que ahí está ese algo mucho más grande, infinito, imposible de percibir en su totalidad desde un punto de vista humano.

Ateos o creyentes, no importa, lo que existe, existe. Lo verdadero es verdadero.

Lo podemos repetir una y otra vez:

- La luz del sol ilumina a todos.
- Nadie es mejor que nadie.
- Ningún ser humano llega a la meta luchando solo.
- La unión hace la fuerza
- Unir a vuestras luces, a vuestros corazones, es y será lo que os ilumina de verdad por dentro y hará crecer el amor
- El camino del corazón, la senda que os trae paz y alegría, esta es la indicación a seguir.
- No hay elegidos ni excluidos, cada alma se puede convertir en elegida por el verdadero anhelo de elegirse y de elegir el amor por encima de la voz limitante de ego, mente, miedo.
- Anhela permanecer en el amor y tu chispa divina se enciende para no apagarse nunca más. Esta es la elección.
- Haz de tu corazón una esfera de luz creciente.
- Si ves la luz en otro, en sus ojos, es porque está en ti.

- Comparte lo amoroso y elevado que cultivas, no te escondas.
- Manifestar estas cualidades te lleva de la dualidad a la unidad.
- Sigue caminando en movimiento impulsado por la verdad del corazón consciente.

Arcángel Raziel
en hermandad y unidad.

Flow

El flujo de la consciencia.

Siéntelo, respíralo. Cada vez que la realidad mundana te abruma y te absorbe, recuerda este flujo de consciencia dentro de ti.

Para un momento, respira, imagina y siente cómo inhalas luz y consciencia, luego se reparte por tu cuerpo y vuelve la calma y el equilibrio.

Un flujo incesante que te conecta con la vida de una forma mucho más elevada, no para escaparte de la realidad, no.

Para volver a ti, al Ser, a la esencia bendita que te trajo aquí.

Volver al presente y permitir el flujo divino en esta vida, para no olvidar el origen.

Alza la mano y siente la cascada cálida, tocada por el Sol de la consciencia universal, pura, luminosa, iridiscente, portadora de dicha.

Déjate empapar como por una lluvia cálida y pura que impregna la tierra seca que anhela cada gota.

Bebe de esta cascada hasta saciarte, como un desierto que guarda semillas y al caer la abundante lluvia se convierte en un campo de flores lleno de frescura, colores, aromas, lleno de vida.

En esto se puede convertir tu campo mental, tu cuerpo, todo tu Ser, un campo bendito, atrayente y abundante, que la Madre ofrece.

Un jardín precioso donde la vida atrae más vida, renaciendo, compartiendo sin competir, mariposas, abejas, pájaros que vuelan y danzan entre las flores, un campo de alegría que nace de sí mismo por la pura dicha de compartirse y expandirse en este "flow" que brota puro sin cesar.

Fuente de dicha. Tócala con la mano y bébela hasta llenar tu corazón.

Luz.

Despeja tu mente

Despeja tu mente y actúa.

Actúa como solo tú sabes, sin ir con la corriente de un rebaño ciego. Actúa desde tu verdad, desde tu esencia.

Reflexiona y párate antes de dar pasos.

La acción alocada perjudica más de lo que pueda ayudar.

Actúa desde una reflexión, en conexión, desde un momento de calma. Sin pararte mucho, reencuentra los equilibrios necesarios.

Una y otra vez, siente tu verdad, siente lo que dice el cuerpo, lo que dice el corazón, qué hábitos te llevan a más luz y equilibrio, qué hábitos, palabras, alimentos y lugares te marchitan.

Tú lo sabes en tu interior, en cuerpo y alma, más allá de caprichos de la mente, tu cuerpo–templo lleva consigo toda la sabiduría necesaria para abrirte los caminos en la vida, en conexión contigo y con todos los elementos de la tierra y de los cielos.

Tú eres el Universo contenido en una vida amorosa y consciente cuando fluyes por la senda unificada

Una vez más, siéntelo. Gracias.

En conexión con tu consciencia superior.

Luz

Todos los colores provienen de la misma fuente, tal y como el arco iris despliega todo el abanico de la luz de la Fuente. ¿Qué os queremos decir con eso? Honrad vuestro color único y particular, es así como encontráis vuestro lugar y vuestra voz en la Tierra.

Sois iguales y a la vez sois únicos, que nadie tape vuestra luz interior. Así como yo supe y sabía quién soy y para qué había venido, así esa chispa está dentro de cada uno, despertándose, en cada corazón, en cada alma. Confiad en vuestra fortaleza interior, confiad en que no hay diferencia entre "tú y yo", confiad que tenéis el don de escuchar directamente lo que os quiere transmitir vuestra alma desde su conexión más elevada.

Observad cada día, tomad unos minutos en silencio y gratitud, respirando y sonriendo. Si no parece haber motivos, seguid sonriendo, simplemente diciendo tres veces gracias, y ante vuestros ojos aparecerán las razones, las imágenes que os muestren, que en verdad la vida siempre da motivos por los que agradecer.

Cosas simples, actos pequeños y simples que suman y elevan. Paso a paso, sonrisa a sonrisa, vuestra aportación, por muy pequeña que parezca, es una luciérnaga, una estrella que es imprescindible para la luz del conjunto. Cada acto, cada pensamiento elevado, ¡eleva a la Humanidad entera!

No lo dudéis, cada gota cuenta, cada sonrisa cuenta, cada palabra amable y cada abrazo. Y recordad que siempre la energía de luz y conciencia más elevada está a vuestra disposición.

Recordad vuestro poder de decisión y elección. Estáis acompañados siempre.

De Jesús Sananda para TODOS

Despierta a la esencia

Ahora y siempre, la esencia quiere manifestarse. La esencia que todos los corazones habita. Despierta, despierta, despierta.

¿Por qué sigues viendo tanta distorsión en el mundo? ¿Qué es el mundo? ¿Dónde está tu paz? ¿Qué dice tu corazón?

¿Cómo puedes ser luz y amor para ti y para los demás? ¿Quieres ver a un Dios personificado o sientes la Divinidad en todo? ¿O puedes vivir las dos perspectivas?

Cada alma tiene su camino, su tendencia, una senda recorrida que la ha llevado a este preciso momento en el AHORA. Y es en el AHORA donde el amor libre de cargas puede manifestarse, puede crecer, puedes Ser lo que en verdad eres.

Busca y encuentra, sin presionarte y sin pausa, el río que te lleva a tu corazón, el río que fluye naturalmente cuando estás allí, el camino que todas las encarnaciones anteriores prepararon para colmarlo en un punto infinito.

Encuentra día a día un espacio–tiempo que te permita sumergirte en tu verdad, con mucha suavidad, con amabilidad en tu corazón, abrazándote, abrazando tu camino, abrazando la luz de tu centro, dejándola aflorar. Un espacio–tiempo donde nada ni nadie puede penetrar desde ideas rígidas de la mente, desde dogmas o creencias. Que te sirvan para discernir, para dar pasos y sortear las piedras en el camino, para poder andar descalzo, acariciando la tierra bajo tus pies, el césped o la orilla de aguas cristalinas.

Respira, abraza, expande, inhala, relaja, suelta, exhala, encuéntrate, empieza otra vez, hasta que solo quede amor.

El origen y fin de todas las vidas, la esencia de la existencia, de la vida, del único Ser que abarca a todos los seres.

Abre los ojos. Los verdaderos ojos, los que una vez abiertos no se cierran nunca más, por mucho que la mente se interponga o el ego quiera desviarse. Aquellos ojos que siempre lo ven todo porque solo hay eso.

La Gran Madre, el Gran Espíritu, el centro del Ser unificado.

Todos los días, exhala las distorsiones, inhala la verdad.

Exhala las creencias, inhala el amor.

Exhala los pesos del pasado, inhala la ligereza de la luz de la consciencia.

Respira, inspira, vive y deja a tu alma danzar.

Gracias por tu existencia que tanto aporta a la existencia del Todo, mucho más de lo que puedes imaginar, mucho más allá de todo lo que puedas soñar con tu mente y tus ideas humanas.

Sigue el hilo, sigue el viaje, ligereza te espera.

CONSCIENCIA

ERES

Una experiencia meditativa desde la calma y el silencio.

Palabras que emergen como respuestas a preguntas no expresadas.

ES
AMA
LUZ
Amabilidad
Interior
INHALA
EXHALA
PAZ
EXPANDE
PAUSA

***

Un ojo que observa todo desde una distancia, vista de pájaro, desde una perspectiva que permite discernimiento.

***

Imagínate sobrevolando el océano, como en un avión, en vuelo tranquilo y estable, observas la luz del sol brillante en tranquilidad, destellos sobre las aguas, luminosidad chispeante.

Tu lugar de observador es un lugar cálido, lleno de confianza, enraizado en una paz absoluta de saberse eterno y a salvo, inmutable.

En el horizonte hay una línea fina, a veces con más contraste entre cielo y tierra, a veces, en cambio, queda difuminada, se funden los azules de cielo y agua.

El vuelo sigue tranquilo, aparecen tierras, costas donde las olas se rompen, desiertos y campos verdes.

El vuelo sigue tranquilo.

El vehículo vuela a una velocidad altísima, mas el pasajero observador sigue sentado tranquilo en la luz de la consciencia.

Pasan tormentas, pasan turbulencias, nada le perturba, nada le quita su calma.

Sé tú como este observador, vuelve siempre al centro, respira y permite que el vuelo te guíe.

No es cosa tuya parar el vuelo ni cambiar el rumbo, todo esto ya está perfectamente orquestado. Confía y te moverás con dicha.

Medita observando el océano de calma con sus destellos infinitos.

Las respuestas a tus múltiples preguntas aparecen solas. Y donde no hay respuesta, nunca hubo pregunta, solo ajetreo mental.

La verdad no se dispersa por ese ajetreo. Súbete al vuelo estratosférico sabiendo que ERES.

AKASHA: UNA ARTERIA EN EL CORAZÓN DEL INFINITO.

JUAN RAMÓN BLANCO ARISTÍN

Soy consciente de que en el espíritu de Espai Akasha entra también el fomentar el estudio y la investigación espiritual y que inmensa es su labor como centro de conferencias, estudio y divulgación de conocimientos y experiencias compartidos (recordemos a tantos ponentes con una riquísima diversidad espiritual). Quiero por tanto agradecer al Dr. Vicente Merlo –su presidente–, –a quien considero un gran maestro y un cercano amigo tan elevado– y al grupo Akasha, tan preciosas almas, esta oportunidad que me brindan para aportar mi contribución con este granito de arena. Gracias sinceramente a todos ellos.

El centro Espai Akasha, se ha erigido en un Centro de Meditación y Espiritualidad, donde las vibraciones espirituales más elevadas han ido generando un "Templo Espiritual y de Meditación" akáshico en el que recibir las más altas vibraciones espirituales y supramentales desde hace años. Akasha es un pulmón para el espíritu en el centro de la ciudad, y desde allí irradia una vibración espiritual muy elevada de paz, armonía, luz, gozo, y alegría, serenidad y calma espirituales, en donde el amor a lo divino, en cualquiera de sus formas pueda expresarse libremente, pues cada ser humano es y expresa una vía única de evolución al Divino en el universo.

Quiero ahora recordar la charla que pronuncié hace años en Espai Akasha sobre la "Mística de Santa Teresa de Jesús y la Mística hindú" (Sri Aurobindo y Meher Baba), –que está on line en mi canal de YouTube–. El poder participar en una charla allí, ha sido un registro elevado para mí, un reto, en el que aquello que había estudiado, amado, experimentado y vivido interiormente, se compartía espíritu a espíritu –fue un día de experiencia única–, pues pude trasferir una vivencia extraordinaria que había tenido en un retiro espiritual (Monasterio de San José de Batuecas en Salamanca). Lo único que podía compartir es un amor profundísimo que tenía a Jesús, y el que había recibido en mi vida de él, tan grande que solo puede denominarse como sincero amor divino, precioso, sencillo, humildemente. Los que amáis a Dios, y amáis la verdad, sabéis lo que es ese amor interior, y compartirlo es una antorcha encendida, una luz que brilla, en el mundo apagado....

Cuando preparaba la charla para la universidad Complutense (UCM), interiormente, no tenía la más mínima intención de compartir una experiencia mística o espiritual con un foro de personas intelectuales, –la mayor parte ateos, agnósticos, o con un cierto espíritu de rebeldía (o un espíritu de juventud y universidad que todos hemos vivido), o/y antirreligioso –posiblemente justificado por miles de causas negativas que han vivido con su religión previa, lo que es muy comprensible–).

Intelectualidad –razón– y religión –fe– han luchado durante siglos en muchas guerras morales, éticas, filosóficas, y vitales, –incluso guerras armadas– de todo tipo. Y eso puede hacer que nos encontremos entre "el fuego cruzado", –en la memoria al menos– de estos diversos "frentes". Y creo que este sentimiento, se puede extender a otros, pues también habréis sentido que en un grupo determinado o un día concreto, no os podéis expresar de un modo genuino puesto que existe algún tipo de prejuicio, confrontación, rechazo o "cuestión", que se ha enfrentado antes con esa misma forma o parte de ser y sentir que hay en vosotros. Es un sentimiento de defenderse frente al criticismo elevado, que hace que uno no tenga ganas de expresar o defender su "interioridad" de forma abierta, y la prudencia le lleva a guardar en la recámara de su corazón aquello que ha vivido.

Pero debemos tener en cuenta que la envidia y la hipocresía nos "anulan" e invaden a todos muchas veces, al escuchar las experiencias espirituales que otros han tenido, y por eso, ruego a la humildad, sencillez y sinceridad, el aceptar estos aspectos negativos cuando escuchamos el "alma abierta" de otros, para negarlo, criticarlo, y chismorrear sobre lo que nos refieren o las peores partes del otro. Lo que nos transfieren nos ha llegado con el alma y mente cerradas, no estábamos abiertos y receptivos. Si al oír el alma abierta o espíritu de otro, surge esta parte en nosotros, cuando pase debemos ser honrados para crear una auténtica "ética de la incomprensión y el rechazo" propia y ajena. Solo saber que estamos siendo injustos, nos puede liberar de esos aspectos negativos. El mundo niega el espíritu para ocultarse de la Verdad. Esto genera dolor individual cuando lo vivimos, y nos pasa a nosotros. Muchísimas veces he sentido en mi vida esa envidia y critica a los maestros, profesores, o seres espirituales mejores que yo, que eran más elevados en muchos aspectos, –no solo por prurito[9]–, sino con una mente celosa, que buscaba criticarlos más que lo que su luz y espíritu mostraba, un egoísmo mental, vital o espiritual envidioso que tanto daño me ha hecho miles de veces y durante muchísimos años –una idea de superioridad falsa e ignorante tremenda, (orgullo y soberbia)–. La mediocridad y el autoengaño es la nota más común en mi interior, por tanto. ...

Pero, lo que puedo decir es que cuando estaba haciendo esa charla para la universidad UCM – aunque era un Congreso del V centenario de Santa Teresa de Jesús– convocado por la facultad de filología hispánica, había una enorme resistencia interior. Pero una voz interna, de mis guías, me dijo algo así como –¿No quieres compartir aquello que Yo te he dado?–, su voz empezó a levantar la cobardía interior, el miedo a la crítica, y el deseo de guardarlo para mí solo – o al menos en ese foro– aquella experiencia interna tan especial. Todavía estos nombres me siguen avergonzando –pues hay tanta imperfec-

9 *Deseo persistente y excesivo de hacer algo de la mejor manera posible*

ción, defectos, pequeñez, y mediocridad en mi interior, que recordar esas alturas lejanas, solo parece que "iluminan más la sombra oscura" que sigue existiendo en mi interior. Esta sombra sigue siendo la herida abierta y –doliente– en mi alma, tan profundamente herida por el mundo brutal y bestial que me rodea, que ha dejado una llaga sin nombre adentro. La impotencia espiritual de ver el mundo que somos sin poder hacer nada y la impotencia de no poder trasformar el "mundo" en mi interior (la naturaleza humana interna), me "ladran" como un perro herido por el lobo (*homo homini lupus*, el hombre es un lobo para el hombre, decía Hobbes) o un gran leviatán (de millones de cabezas).

Sri Aurobindo[10], habla de estas heridas profundas, como aquellas que tardan muchos años en curar: "y recibió crueles heridas interiores que son lentas en curar[11]". Y Satprem, que

10 A través del polvo y del cieno de la llanura de la tierra,
en líneas bien defendidas y en peligrosos frentes,
en asaltos terribles, en lentas retiradas heridas,...
(pág 459. Libro VI. Canto II: El camino del destino y el problema del dolor).

11 En amenazantes sendas, en torturadas soledades
sin compañía erraba a través de vías desoladas
en las que el Lobo rojo espera junto a la corriente sin vado
y las negras águilas de la Muerte chillan al precipicio,
y afrontó los sabuesos de la desdicha que acosan los corazones de los hombres
aullando a través de las sabanas del Destino,
en los campos de batalla sin base firme del Abismo
libró a oscuras sombríos combates en mudas profundidades,
resistió asaltos del Infierno y golpes del Titán
y recibió crueles heridas interiores que son lentas en curar.
(pág.230. Libro II. El libro del viajero de los mundos. Canto VIII: El mundo de la falsedad)

había vivido en un campo de concentración nazi, (Auschwitz), después de ser apresado en la resistencia francesa por la Gestapo –y ser liberado años después–, refiere en sus obras cómo La Madre le decía que ese sentir, la huella o herida que los nazis habían imprimido en su interior, era solo una memoria celular profunda, pero que se podía cambiar, y le daba fuerzas para superarla, sanarla y transformarla. Ojalá ahora podamos pedir –y recibir– de La Madre que nos de fuerzas y valor para sanar el dolor de las heridas más profundas de nuestra alma, aquellas que parece que solo un Ángel puede soportar o sanar, que todos de un modo u otro hemos vivido alguna vez (sobre todo aquellas en las que el Destino, el Karma o la aceptación en otro plano de un sufrimiento profundo sobre familiares, amigos, conocidos o seres muy queridos, han marcado nuestro corazón). Ni siquiera somos capaces de entender en el intelecto el cómo y por qué de sus vidas y vivencias –o de las nuestras– (hablo aquí de todas y cada una de estas experiencias profundas, de seres queridos, familiares o amigos, desde un cáncer, una muerte o partida, o cualquier otra "llaga" similar), y esta incomprensión es parte de la "etiqueta" que el Amor Supremo nos ha depositado para poder sobrellevar y superar las llagas de karma –que en el fondo solo puede ocultar una LEY SUPREMA DE AMOR DIVINO a uno–.

Diría que el karma más grande, es también, el amor divino más grande, puesto que Dios no entrega un karma tan duro a alguien si no es por una ley de amor divino supremo. Y se suele decir que en otro plano, antes de nacer, hemos aceptado ese karma, en un plano divino tan elevado, que aquí a veces no se puede comprender. Pero el trasfondo es que eso que se vive solo puede ser por un amor divino maravilloso y supremo, y cuando tomamos el Amor como misericordia, gracia, y compasión vemos que eso solo puede ser una LEY DE COMPASIÓN suprema, para que podamos comprender y aceptar lo que otros viven y sufren en el mundo de los sufrimientos. Ese dolor nos hace más compasivos, atentos y comprensivos con otros.... Ese dolor nos hace más humanos. Esas huellas se pueden "comulgar a otros" y con otros en el silencio, o en una mirada compasiva atenta a otros que ayuda y a veces, puede sanar compasivamente. Sri Aurobindo en Savitri dice:

Ofrece, oh Rey, tus dones a fatigados espíritus
y a corazones que no puedan soportar las heridas del Tiempo,
permite a quienes estuvieren atados al cuerpo y a la mente,
arrancar esas cadenas y volar al interior de la blanca calma
buscando un refugio del juego de Dios.

(Savitri, Pág 647, Libro X, canto IV)

En otros versos, apunta

Él es la corona del mártir devorado por las llamas
y la alegría resignada del santo
y el coraje indiferente a las heridas del Tiempo
y el poder del héroe luchando con muerte y destino.

(p. 516.– Libro VII. El Libro del Yoga.
Canto IV. Las tres fuerzas del Alma.)

También expresa sobre las heridas de la Tierra….

destaca una pequeña porción de sí misma,
un ser no mayor que el pulgar del hombre
dentro de un escondido ámbito del corazón
para enfrentar el dolor y olvidar el gozo,
para compartir el sufrimiento y soportar las heridas de la tierra
y esforzarse en medio de la labor de las estrellas.

(p. 526. Libro VI. Canto IV, precitado)

Digo esto pues ese sufrimiento supremo, o enorme, solo se puede sublimar en el corazón interno –rara vez fuera de allí se puede hablar, comprender o expresar–, y solo a las personas que amas, o que te aman, se puede compartir "eso" que tanto dolor, sufrimiento o huella ha dejado dentro. Y así, cuanto más has sufrido, más amor profundo está –pendiente– en lo hondo de tu corazón clamando, puesto que el MISMO AMOR de Dios está detrás para sobrellevar y soportar esa vivencia. El sufrimiento más grave es en contrapartida el amor más grande que la misericordia suprema, la compasión total, y el amor divino te han "prestado" para compadecer al Divino sufriente en el mundo (si lo ves bien otra vez, verás que es Dios mismo en tu alma, dentro de ti). Si solo vemos o nos quedamos con el dolor de la herida, y no con el amor que la sana, estamos atrapados bajo sus efectos adversos. Lo que me gustaría es señalar que el dolor y sufrimiento del ALMA, tienen dos aspectos del divino oculto ("una vena al infinito"): Uno, en el dolor físico más grande, cuando más dolor físico se ha sentido –como alguna operación con puntos internos por ejemplo– entonces se puede entender que ese dolor tan grande en la carne se vive y siente en Dios en el corazón, y que su misericordia está presente contigo, en el silencio. Me gustaría que si lo sentís o habéis sentido podáis ver que allí estaba "el Dios sufriente" en vosotros, con toda su piedad, misericordia y compasión. Saber esto nos ayuda a elevarnos. Ese dolor y ese quejido se sienten en el Corazón de Dios mismo. Ese dolor nuestro es un latido en el mismo corazón del Amor de dios directa y personalmente en Dios, desde nosotros. Esa cruz, tiene su otra cara, en el divino que es el alma de cada uno. Y en segundo lugar, esta reflexión pretende ser una revelación para que se haga meditación compartida con la que se pueda rescatar el Rostro de dios en nuestras vivencias –"el dios con minúsculas", en las miserias y pequeñeces del mundo, donde se muestra como humildad total –ese… el dios miserable y pequeño–, que se han cerrado sin dejar ver a Dios en el sufrimiento que nos ha dado. Si Dios te ha amado mucho puede que te haya dado un dolor grande para compadecerte de la humanidad en donde nadie quiere ni se atreve a entrar –el dolor y sufrimiento del mundo entero. Sri Aurobindo, dice en una frase de Savitri, (Pág. 446. Savitri, Libro VI. Libro del Destino):

El mal de la vida atormenta, él es afectado con el dolor del mundo:
un millón de heridas se abren en su secreto corazón.

Es el Dios vivo en uno mismo. Todo sufrimiento tiene un aspecto místico muy profundo en el alma del que la sufre y de su entorno. El sufrimiento tiene una enorme Mística oculta.

En el Evangelio, Jesús dice unas frases espléndidas, cuando muestra a Dios[12] en lo que hacemos a los demás. Que lo que hacemos a otros, se lo hacemos a Dios, y que lo que otros nos hacen, por tanto, también se lo hacen a Dios. Ahí está la evidencia y prueba de que Dios está oculto en el Silencio del Alma, y que el Alma no solo es un trozo de Dios, sino que en el Alma Dios habita ocultamente, como Suprema Conciencia divina. La clave es aprovechar las pocas oportunidades que tenemos para verle asomar en nuestra vida, y aparecer como nuestra alma. (Y que lo que hacemos a otros, nos lo hacemos a nosotros mismos, y suele ser por un dolor clavado que alguien nos hizo antes que funciona como una memoria causal que se recrea a sí misma, hasta que se comprende, entiende y sublima y desaparece en una nueva comprensión y discernimiento espiritual tan valioso).

En el subconsciente humano hay pozos, ríos subterráneos, y mares de espanto, miedo, pena, y tristeza enormes, en los que todos los

---

12 *Entonces ellos le preguntarán: El Rey les contestará: 'Les aseguro que todo lo que hicieron con uno de estos hermanos míos más humildes, conmigo lo hicieron....*

–....–

'Señor, ¿Cuándo te vimos con hambre o con sed, como forastero, falto de ropa, enfermo o en la cárcel, y no te ayudamos?' Y el Rey les contestará: 'Les aseguro que todo lo que no hicieron con uno de estos hermanos míos más humildes, tampoco conmigo lo hicieron.» (Mateo 25, 31–46)

que nos creemos algo espirituales hemos nadado y llorado alguna vez. Pero no hablo a la mente de la estupidez o idiotez del mundo moderno; "lleno de supermodernismos" de los últimos años –una especie de generación de niños de papá, o niños ricos, que lo tienen todo, y que les da igual todo, y se quejan de todo, con un grave desprecio a todo o los demás, que puede ser una epidemia o una enfermedad generacional que idolatra la imbecilidad humana sin límite cada día tan creciente–. Esto se dirige al alma, para abrirse a los reclamos que Dios ha dejado en cada uno, y muchas veces un Dios, que llevamos dentro, no como un alarde, sino como lo contrario....

Os comparto otra experiencia... En la segunda charla, sobre la Mística de Santa Teresa..., era en la Universidad Pontificia de Salamanca en un congreso Mundial de Metafísica de la Fundación Fernando Rielo. Os puedo señalar, que cuando di la charla, y comenté al final mi experiencia interior, lo que hablaba era un lenguaje de la Verdad de experiencia vivenciada, su sencillez era el testigo más fiel y auténtico. tal vez, en el corazón de las almas místicas de algunos de los que allí había, se recibió como un compartir del espíritu. Sin embargo, en otra parte del auditorio había un "religiocentrismo férreo y cerrado" –un cinismo e hipocresía como un muro–, donde la crítica que me hicieron a la parte del hinduismo de la charla se hacía evidente. A esa otra pregunta velada de crítica sobre el hinduismo[13], solo pude decir que

13 Me ayudó muchísimo saber que el Director del Congreso,

DIOS ES SOLO AMOR, y que se decía que solo por el amor se salva o serás juzgado (–San Juan de la Cruz, entre otros–). Y después otra persona "me lanzó otra pregunta", ...la otra pregunta era sobre la gravísima idea de "solo en la Iglesia se salva uno", –y no pueden ver que es falso totalmente, y que también sería porque solo en la Iglesia pierde uno su alma, tanto... que... –prefiero callar ...unos puntos suspensivos largos...

Y ahí me tenía que enfrentar a la frase de que solo su religión es verdadera – ahí está una evidencia de la falsedad más grande en toda su filosofía religiosa secular, una mentalidad oscura que ha dominado y esclavizado la libertad suprema del amor puro en su evangelio, anulada de este modo (Pues Jesús dice en otra parte del Evangelio que tiene ovejas en otros rebaños[14] –otras religiones–). (Intenté aludir a que el Concilio Vaticano II había cambiado esto y se había abierto a aceptar todas las demás religiones, pero... nada, imposible.)

Os puedo compartir que esa pregunta me ha estado hiriendo durante decenas o centenas de veces. No me podía imaginar que una pregunta aparentemente inocente pudiera hacer tanto daño o tener tanta enjundia dentro (el

---

David M., que vive en la central de Roma de la fundación, era un entusiasta –no diré– devoto de Sri Aurobindo y había leído muchas partes de sus obras, y que él mismo había elegido esta charla para darla en el salón principal del Congreso. Sentí que estaba apoyado entonces en otro u otros... a pesar de que se cernía la incomprensión como ataques velados –esas "voces del cinismo".

14 "También tengo otras ovejas que no son de este redil; aquellas también debo traer, y oirán mi voz; y habrá un rebaño, y un pastor" (Juan 10, 16)

odio –casi milenario– que había detrás de esa cuestión es lo que ahora refiero). Dejadme que os comparta esta experiencia también. Aquella pregunta, o el recuerdo de aquella voz en la sala del auditorio, me ha venido muchas veces durante varios años desde entonces, –a veces con cierta ira o enojo– la escuchaba en momentos de crítica como una memoria –una bala oculta o un mal espíritu diría ahora– que surgía recurrentemente. Sin embargo, al comprender que detrás de aquella voz de aquel hombre en Salamanca en ese auditorio, –aunque era más fácil sacar lo peor de mi interior–, se fue convirtiendo en una llave para dar una respuesta distinta cada vez que me volvía la misma pregunta, una oportunidad de contestar una cosa nueva más que me volvía sobre esa misma cuestión –que te autopregunta una y otra vez–, y así podía responder cada día otra cosa más y más. Pude entonces, responder de cien maneras y mil formas a la misma cuestión. Pero no era solo una pregunta aislada, era una manera de pensar del mundo –o de un mal espíritu en el mundo– que ha tenido mucha fuerza durante años y siglos, y ha sido un "látigo" que imprime un gran castigo. Hoy ya casi no me acuerdo de la pregunta ni de la voz –y espíritu– detrás de aquella voz que se disparó a mi corazón, –hoy me ocupan otros látigos semejantes y distintos–. Allí no podía responder que la religión ha cometido tantos crímenes y delitos –penales y espirituales– que podían llenar bibliotecas enteras (en todas las religiones), y esto es igualmente extensible al espíritu, y mejor dicho, al mal espíritu en lo humano, la mala fe, que ha crecido como un "cáncer" o un veneno irrefutable que es mantenido con tanto poder casi "autopoderoso", en los pasillos que conducen a estos infiernos internos de negación, orgullo, falsedad, y egoísmo tan hondos dentro y fuera de la religión– (y esto también es igualmente cierto, fuera de la religión en todos los caminos de la espiritualidad, sea cual sea el nombre que se den, o como se les llame). Y quiero decir todo esto, a modo de bálsamo y como protección frente a este tipo de sentires… Pero creo que sin duda lo sabéis y habéis sentido muchas veces.

En la charla de Akasha, mi alma se pudo sanar de estos otros auditorios pues la parte hinduista y del yoga era aceptada muy bien –frente a aquellos otros en los que la incomprensión se manifiesta como rechazo, crítica y derribo–…. Me parece que ya lo conocéis sobradamente, pues habéis escuchado y participado en muchas charlas, en las que esos "fenómenos" y aspectos ocultos muestran ríos soterrados como los que antes he comentado….

Para finalizar, en otro orden de cosas, en los lugares en los que una persona ha alcanzado un estadio elevado de espiritualidad, digamos que ha accedido a un cielo interno o supramental, allí el Akasha habrá quedado impregnado de su vibración supramental o angelical para siempre. Esto es algo importante recordarlo, pues supone la esencia de por qué los lugares espirituales de meditación, o realización, suelen ser lugares muy especiales para viajar, y peregrinar, y aportar al peregrino o meditador un alto nivel de realización espiritual. Como si las partículas o fibras del Akasha supremo allí impregnadas pudieran tocar el espacio interior del Akasha de la mente, y alma de la persona, como imantándola internamente, y luminosamente.

Siento que Akasha es un centro espiritual muy abierto, en el que la divina visión –también la de Madre y Sri Aurobindo–, se derraman con muchísimas bendiciones y parabienes en este pequeño Centro Espiritual, y lo ha convertido en un Corazón para el amor espiritual y divino, en un mundo insensible y patológicamente cerrado. Y en Akasha puedo decir que lo supramental –o divino supremo– se puede vivir como una Experiencia de Luz, compasión, armonía y paz para dejar muestra de la gran "diversidad y complejidad humanas" del mundo espiritual. Ahora sabemos que el Corazón de Akasha, se abre como una arteria hacia el infinito, Y también como una vena de todo lo que se precisa sanar y purificar en el Corazón divino.

EN EL CORAZÓN DE "AKASHA"

JULIÁN SÁNCHEZ LACRUZ

"Llegado el día de Pentecostés, estaban todos reunidos en un mismo lugar. De repente vino del cielo un ruido como el de una ráfaga de viento impetuoso, que llenó toda la casa en la que se encontraban. Se les aparecieron unas lenguas como de fuego que dividiéndose se posaron sobre cada uno de ellos; quedaron todos llenos del Espíritu Santo..."

(Hechos 2, 1–4)

Mochila al hombro, y con la juventud a cuestas de quien busca nueva savia, y esta de conocimiento, en su transitar a través de este intrigante mundo, me desplacé aquella mañana de un primaveral mes de abril hasta un pequeño y escondido pueblo de montaña. No sabía lo que iba a encontrarme, aparte de con otros buscadores que, como yo, llevados y convocados por el sutil Misterio también habían decidido reunirse a meditar aquel preciso día; unos, y por lo que fui viendo después, con mucha experiencia en tal menester, yo con poca. A nuestro alrededor pinos, al fondo un expansivo horizonte en el que se diseminaban casitas cada vez más lejanas.

Envolviéndonos, una suave brisa y, sobre nosotros, planeando, plácidamente, a sus anchas, un aguilucho, luego alguna nube y el cielo azul. Nosotros, los allegados, desconocidos entre sí, íbamos intercambiando unas amables miradas, sonrisas de complicidad y saludos. Luego, una llamada, el tintineo de una campana, y fuimos entrando tranquilamente en el cálido caserón que nos iba a acoger para el meditativo encuentro. Y allí, ya dentro, una sala grande, circular, donde nos fuimos, uno a uno con su cojín, sentando. Un suave perfume con olor a sándalo nos acompañaba. Cada cual consigo mismo y su silencio, no hacía falta nada más.

El tiempo iba pasando, media hora, tres cuartos de hora…Unos, con posturas clásicas de yoga, loto, medio loto, yo como podía. Me dolía todo, las rodillas, las piernas, la espalda…, ya no sabía de qué modo colocarme. Si era eso lo que había venido a experimentar iba apañado, me decía. De reojo miraba a la gente mientras trataba con disimulo de aliviar mis dolores, hasta que, por fin, me di cuenta de que estirando el brazo podía alcanzar una sillita que se encontraba a unos palmos detrás de mí. Fue mi salvación, entonces respiré, me relajé… Y fue como pude focalizar mi atención en aspiraciones superiores, en lo más "alto" de mí, tal y como había aprendido que había que hacerlo de aquel entrañable y sabio Maestro, Antonio Blay Fontcuberta. Y así me encontraba…

Entonces, sin saber a santo de qué, quizás por el lugar y modo de encontrarnos, tal vez por eso, me vino a la memoria, –y conste que yo no soy persona de biblias ni tampoco asiduo de religiones–, aquella escena de Pentecostés con la que he introducido este escrito, una imagen expresiva y plástica como pocas, de una energía, belleza, significado y "sabor" insuperables, que, al menos a mí, me eriza la piel y llega profundamente al alma, además de traerme resonancias para las que no tengo, ni por asomo, palabras adecuadas que la expliquen.

Así me hallaba, cuando de repente sucedió algo que me apabulló. Así como estaba, con los ojos cerrados y focalizado a unos dos palmos sobre mi cabeza, vi que se abrió un espacio, portal o brecha, a modo de boca como de un volcán de pura lava de fuego y este de oro, encendido en su más elevada potencia, igual como se puede ver en la fragua cuando está en su punto más vivo de intensidad y brillo. Y Aquello, tan tremendo, tan poderoso, tan inmenso y total empezó a precipitarse cual lengua de fuego sobre mí, y en concreto sobre mi cabeza. Venía: era Conciencia, Sabía: era intención, Quería: era Voluntad. Su Potencia, Intensidad, Fuerza y Poder indescriptibles…

Ante tal Avalancha de lo más grande que yo pudiese imaginar, de forma espontánea, pero también rápida e instintiva surgió de lo más hondo de mí, con total decisión, confianza, rendimiento y entrega un *"mátame si quieres"*. Y fue en ese momento cuando, como un rayo, ahora ya imparable, esa Lengua entrando por el *sahasrara* me atravesó, de arriba abajo.

Y me quedé llorando, tiritando, como un flan, mientras lágrimas de una inmensa emoción, la de quien sabe, sin duda alguna, que se había encontrado con lo divino, caían a raudales por mis mejillas.

En eso estaba, cuando a los pocos segundos, de repente, sucedió algo no menos sorprendente, y es que mi cerebro estalló en una explosión de puro fuego y de luz. No sabría decir bien si eran cientos, miles o millones de *"nadis"*, los que como si fuesen tubitos de neón, se encendieron al mismo tiempo, digo yo que como para reequilibrar y reajustarse ante aquella inmensidad de potencia que habían tenido que sostener y soportar.

La meditación había llegado a su fin, nos levantamos y, poco a poco, lentamente, salimos al exterior. El día sorprendentemente también había cambiado. Ahora, una suave llovizna, chirimiri le llaman en algunos lugares, caía apaciblemente sobre nuestras cabezas. Esa sensación, no ya de diminutas gotitas de agua, sino en luz y amor transformadas, me acompañaría durante bastante tiempo. Aún ahora me acarician el rostro y siento cómo descienden a pesar de haber transcurrido muchos años desde entonces.

Tuvo que pasar, al menos un año, para que yo, locuaz como soy, y por lo tanto cosa rara en mí, mantuviese en silencio, salvo con mi mujer, lo vivido. ¡De tan sagrado e íntimo como era, como es, ese encuentro personal y verdadero, ese abrazo entre ese Fuego, esa Fuerza, ese Poder divinos y yo! Porque, como fui comprendiendo con el paso del tiempo y cada día que pasa más, es que aquel día, en aquella escondida montaña, nada había sucedido por casualidad, al contrario: el anhelo muchos años y seguramente muchas vidas sostenido, por realizar las bodas alquímicas, la unidad vívida y vivida entre lo divino y yo quedó bien plasmado y materializado, para siempre y en la Eternidad. Ahora lo sé: todo fue un acto de Amor entre el Fondo, la Fuente, el Akasha y mi verdadero Yo.

Y nosotros, transformados, expandiendo: con unos ojos nuevos y un nuevo mirar

Un rasgo importante de lo vivido es que, por su carácter esencial y fundamental, –totalizador habría que decir, porque al fondo de todo llega y del fondo de todo emerge– ha modificado y reordenado en mí la medida, la cualidad, e incluso la jerarquía y perspectiva de cuanto a la luz de esa novedosa óptica después se mira, analiza y comprende. Y es que, cuando Eso llega y desciende a ti, por su impronta transformadora, ya y para siempre, en adelante, así tu conciencia como tu mente ya no serán las mismas. Y lo digo, porque tanto a uno como a lo que le rodea y a la realidad entera nos coloca dentro de la comprensión y visión así de unos ojos nuevos como de un nuevo mirar.

De lo fenoménico a lo sustancial. No un fuego cualquiera, sino divino

¿Pero, de qué fuego hemos hablado? Entrando y agudizando en las características que de este Fuego percibí, para que nadie se confunda con algo que ni por asomo se le pueda parecer, diré: que cuando yo digo "fuego" en realidad digo y señalo hacia muchísimo más que eso, pues hablo de *"fuego divino"* donde *"lo divino"* y su inasible como inexplicable e indefinible vibración es su verdadera esencia, su verdadero ser, siendo "el fuego" tan solo el símil que más parecido tiene con su luminosa, trascendente y ardiente manifestación. Más que fuego es. Es Vida. Es Conciencia. Es el Todo allí concentrado. Diré más: ¿recordáis aquella escena de la zarza ardiendo donde Yahvé le dice a Moisés que no se le acerque? Ahí se trata pura y simplemente de fenomenología, mientras que este otro fuego del que aquí hablamos es Origen, es Matriz y es también base como Creador y materia como lo creado.

Y el Infinito tocándonos, en nosotros y como nosotros

Esta ha sido otra de las características, o, más bien, una profunda huella que ese Fuego ha dejado en mí. El infinito de su Ser en mi ser revivido ha quedado, tan presente y tan cercano. Un Infinito que a todo lo trasciende y que permite para siempre un ir más allá del más allá, sin que ningún falso o pretendido dios nos domine, atrape con sus espejismos ni nos controle.

Nuestra misión, despertar ese Fuego, no cualquier Fuego sino el del corazón, o lo que es lo mismo, bajarlo a la Tierra

Nos lo decía y recordaba ese gran Maestro hindú, culmen de la sabiduría y de la realización espiritual, Sri Aurobindo, con estas tan profundas como significativas palabras: *"he trabajado, sufrido en la noche de la Materia, para traer el fuego al ser humano...un fuego... (que está) ardiendo ahí, en la profunda quietud del corazón"*. Fuego, que en palabras de otro gran místico y culmen de la poesía espiritual, S. Juan de la Cruz, es *"llama de amor viva/ que tiernamente hieres/ de mi alma en el más profundo centro"* hasta el punto de que, y ahora quien nos habla es Teilhard de Chardin: "*Cuando tu presencia, Señor, me hubo inundado, con su Luz, quise encontrar en Ella la realidad tangible por excelencia, que no es como un rayo ni como una sutil materia, sino como Fuego, (que es) como te deseo, y te he adivinado en la intuición del primer encuentro*"

Y por mi parte, añadiré lo mismo que pensé y, por lo tanto, también, fue así como lo escribí desde el primer momento en que *Aquello me vino*, que fue precisamente *como Fuego*, siendo que como Conciencia, Energía o Amor eran en cambio las palabras que con más frecuencia se utilizaban para referirse a la Fuente, al Origen o Dios. ¿Cómo era, pues, que yo de Fuego hablaba? Y la respuesta que me daba, (sin excluir en absoluto aquellas otras que, por cierto, en la de aquel *Fuego, que lo era y lo contenía todo*, Vida, Energía, Conciencia, Sabiduría, Amor también estaban), era que: *¿cómo yo no iba a hablar también de Fuego y este divino, si es así, Dios mío, como me llegaste, me penetraste y te conocí"?* Un Fuego que vibra y arde en el pecho, desde donde busca también expandirse y arder, pero no solo individualmente sino en el Corazón Uno de la Humanidad entera.

UN GUIÑO DEL ESPÍRITU: ERA "AKASHA", Y YO SIN ENTERARME.

Hace unos años tuve la dicha y el honor de que el doctor en filosofía, experto como pocos en Sri Aurobindo y sabio orientalista, además de gran persona, me invitase a dar una charla en el centro de meditación que junto con otros tiene en Barcelona, fui a compartir allí, –a raíz de un libro, "*El camino espiritual de un buscador*", que recientemente yo había publicado –mi experiencia digamos que mística o algo así. No me di cuenta entonces, en realidad no me enteré, despistado de mí, hasta mucho tiempo después de que el nombre del centro tenía que ver absolutamente, nada más y nada menos, que con aquello de lo que yo había ido a hablar.

Resulta, que sabiendo yo lo que había vivido, su esencia, y todo lo que me mostraba y comportaba, de eso podía compartir, bien que lo sabía en el fondo de mi alma y en todo mi ser, lo que ignoraba, en cambio, era que, dentro de la tradición oriental, eso mismo, mi experiencia, tenía plena adecuación y encaje con lo que años después descubrí como el *Akasha*. Y ahí el guiño del Universo, su sonrisa hacia mí y su humor, porque el centro al que yo había ido a dar aquella charla, y para más sincronía la primera que allí se impartía, tenía y tiene por nombre, el Destino lo había querido así: ¡Akasha!

¡Sin saberlo, yo había estado hablando de mi experiencia con Akasha en Akasha! Me había ocurrido como a esa persona que un día descubre que toda su vida había estado hablando en prosa (yo de Akasha) y él (o sea yo) sin saberlo.

El fuego divino, el akasha y yo

Del suceso que yo viví, de esa maravillosa experiencia, aparte de las sensaciones e intuiciones, algunas de las cuales ya he mencionado, hay una que me es muy familiar por venir de forma muy natural a mi conciencia desde el primer momento en que aquel fuego vivo, amoroso y divino vino a mí: la de que todo –todas las cosas y todos los seres–, allá en el fondo está nutrido, sustentado, originado y alimentado por ese fuego original, que yo entendí también como Materia Primordial, la misma que arde dando vida y existencia, pues su ser es, en el corazón de todo lo manifestado.

Mi sorpresa y alegría, cómo no, la tuve después, una vez que empecé a encontrarme con algunos textos clásicos del hinduismo y ya finalmente incluso de los físicos y filósofos cuánticos hablando de *Akasha*, los primeros (Vivekananda) porque su visión iluminada así se lo mostraba y los segundos (Ervin Laszlo, entre muchos otros) porque sin estas aportaciones, a las que Akasha se refiere, no es posible sustentar ninguna teoría unificadora o Teoría del Todo, con fundamento, bien enraizada y sentido sobre la realidad. En el fondo, –por mi parte de manera más sencilla–, estaban expresando lo mismo que yo había sentido y comprendido.

En cuanto a Swami Vivekananda (uno de los más importantes líderes espirituales del S. XIX y al que consideró Aurobindo su mentor espiritual), nos dice al hablar de eso que siendo fuente, plenitud y base de todo es a su vez "vacío" o "nada", es decir del "akasha", lo que sigue:

"Es omnipresente, con una existencia que lo penetra todo. Todo cuanto tiene forma y resulta de una combinación, ha evolucionado desde él. De este akasha está formado el aire, los líquidos, los sólidos; el sol, la tierra, las estrellas, los cometas están formados de él, y también el cuerpo humano, el de los animales, las plantas y toda forma que observemos, todo lo que puede provocar una sensación, todo lo que existe. No se puede percibir, de tan sutil que es está por debajo de cualquier percepción normal; solo se puede apreciar cuando aumenta, cuando toma forma. Al principio de la creación solo había akasha. Al final, los sólidos, los líquidos y los gases se disolverán todos de nuevo en él y la próxima creación se originará en un proceso similar de ese akasha…"

Y, como representación de los científicos y filósofos cuánticos mencionemos la importante puntualización que hace Ervin Laszlo con su "teoría integral del todo" al reconocer desde la ciencia que los efectos del Campo akásico no se limitan al mundo físico, sino que informan a todas las cosas vivas, a todo el tejido de la vida. También a nuestra conciencia. Y, como queriendo ir más allá de lo que dice Vivekananda añade que: *"en contra del concepto clásico del Akasha, el vacío cuántico no es un medio pasivo que actúa sobre algo o sobre sí mismo. Es el "pleno cósmico": un medio dinámico, lleno de energía en fluctuación incesante."*

Bañándolo todo, siéndolo todo

Como "Medio divino", como el "Fondo del fondo de todo", sea también como "Akasha", "Espíritu santo", la "Presencia" o como se le quiera nombrar o llamar, lo bien cierto, real y verdadero es que todo lo llena y todo lo envuelve. En realidad, todo lo es, más aún: nos toca, nos acaricia, nos baña, cae sobre nosotros como lluvia fina, dorada...siempre cálida, siempre presente, y es que como bien decía Teilhard de Chardin:

"La Presencia divina se ha revelado no ya simplemente frente a nosotros, junto a nosotros. Ha brotado tan universalmente, nos hallamos de tal modo rodeados y traspasados por ella, que ni nos queda espacio en que caer de rodillas ni siquiera en el fondo de nosotros mismos".

LA ESPIRITUALIDAD

LLUÏSA VÁZQUEZ

Para mí, la espiritualidad significa que me sostengo en dos Pilares muy importantes, la Fe y la Verdad y me conecta con lo coherente, lo deseable, lo justo, lo necesario, dirigiendo mi atención hacia algo luminoso y mágico, energía divina con la Templanza en la que sabes que estás conectada y protegida.

LA FE

La fe es para mí una conexión con la divinidad, la siento como un soplo de aire y una comunicación de que no estoy sola, estoy protegida. Me susurra que mi vida tiene un sentido, que estoy guiada por Ángeles, que me acompañan y protegen.

Es una comunicación con una voz interior que observa mis pensamientos, mis luchas y que me guía en momentos de turbulencia y algunas veces me da una respuesta a preocupaciones del día a día, que acostumbro a encontrar en los momentos de meditación, en el silencio absoluto de mi propio ser y que me llena de energía Qi, energía cósmica Divina, cargando nadis, activando los chakras, sanando órganos y equilibrando mi energía.

La verdad

Es la búsqueda en la que baso mi existencia. La verdad es esquiva, quiere que constantemente la miremos, la evaluemos, la amemos y seamos sinceros con nosotros y con lo que nos envuelve (amistades, pareja, familia) y que después de conectar con ella dejemos de actuar por intereses particulares. Solo puedes ver el bien común, porque es el propósito final de la humanidad, ya que todos somos uno en el planeta Tierra y el cosmos.

Produce rebeldía y rechazo a la hipocresía que rodea nuestra sociedad.

Aprendes a no juzgar, porque cada uno está en un grado evolutivo diferente y esto ha reforzado mi pilar de búsqueda de la Verdad, que no tiene que ser mi verdad tiene que ser LA VERDAD, y en esta búsqueda están las mentiras en las que sin saberlo participamos, porque están dentro de un todo social.

Al descubrir la Verdad se produce una ILUMINACIÓN, que no depende de nadie, solo de la Divinidad, y en la que trabajo cada día: no hay sábados ni domingos ni tampoco vacaciones.

En la meditación he encontrado la Paz, la Alegría, el Gozo de sentirme liviana, sin peso, sin atracción terrenal y así poder salir elevándome para poder observar desde un ángulo más alto, el papel que tengo en esta sociedad y el SENTIDO DE MI VIDA.

RENUNCIA DEL EGO Y EXPERIENCIA MÍSTICA DIRECTA

ELENA PILES

Si queremos conocer la Verdad debemos ir hacia el vacío. Fuera del pensamiento condicionado percibimos la vacuidad, siendo lo más cercano a nuestro verdadero Ser sin atadura alguna. Dejemos de hablar, de escuchar, dejemos de reír y de llorar. Dejemos de comer y de beber, de dormir y de andar. Dejemos todo y mantengámonos despiertos, hasta llegar más allá de aquel silencio. En ese silencio está todo al mismo tiempo, y así es como conoceremos la verdad sin esfuerzo alguno. Ningún libro, ninguna acción, ningún maestro ni dios alguno nos dará esa Verdad, porque esa verdad es lo único que puede llamarse acaso Dios Viviente, Único Maestro.

En esa Verdad se encuentra el arte de la inmortalidad, de la iluminación, del poder absoluto, la victoria del real Ser Espiritual sobre el cuaternario de la personalidad, del visualizar el Kundalini (sus chakras y respectivos colores, mantras y nadis) con el ojo de la mente, nutrirlos con cada inhalación de prana (energía vital cósmica, oculta en el aire) para activar esos poderes, los poderes de las vibraciones mentales, el significado y poder de los Colores, Números y Letras Primordiales, el arte de irradiar a voluntad el aura a cien mil billones de años luz a la redonda (o más), a cien mil billones de veces más rápido que la velocidad de la luz (o más) y crear símbolos de amor, protección y bienaventuranza... hasta vivir los siguientes niveles, las esferas celestiales de existencia, la Morada y Reino de lo Supremo.

Porque si queremos conocer la Verdad debemos trabajar para establecernos en la quietud del Alma. Esta no es la quietud del Cuerpo, no creamos que Meditar requiere estar físicamente inmóvil. No seamos como aquel que llama Meditar al Dormir Sentado o vivificar en sí mismo ilusiones mentales, llamándolas Videncias.

Se ha de alcanzar el Amor por Entrega en Servicio a nuestros semejantes, obteniendo mucho más de lo que obtendremos en diez vidas de Contemplación inútil.

No seamos como la hermosa Flor que no sabe del Perfume Divino.

No seamos como la hermosa y perfumada Flor que nada sabe de la Medicina oculta en el amargo de la Esencia.

Dejemos que Dios trabaje en nosotros.

Dejemos que Él ame a través de nosotros.

Dejemos que el Ser sea quien guíe nuestra barca.

Vivamos en Amor y por Amor.

Akasha, Éter, Espacio Vacío

Puri García

El éter, el espacio vacío
es nuestra esencia.
La luz brilla a través de él,
su melodiosa voz
susurra a través del viento,
se deleita con los cantos sagrados
y disipa el humo
de las ceremonias del fuego.

Pinta el cielo
de bellos colores
dorados y rojizos al alba.
El cielo nos protege y nos guía,
es conciencia pura
y es inigualable.

Somos el vacío
pese a que nos identificamos
con el cuerpo, los sentidos,
la mente y el intelecto.
Observa el firmamento
para expandir la mente,
más allá de las nubes y tormentas,
escucha el vacío,
ponle oídos, acéchalo
hasta que te hable al oído.

El éter lo contiene todo
más allá de la materia.
Es lo único permanente
e inmutable, el resto
es pasajero y temporal
como el cuerpo y la materia.

El éter lo abraza todo,
lo incluye todo, como el amor,
sin condiciones ni barreras.
Es lo único verdadero,
el resto es subsidiario.

El éter es totalmente original,
es la gran obra maestra
del Creador, tan hermosa
y tan sumamente sutil
que pasa desapercibida
y tan solo prestamos atención
a los objetos gruesos,
a los oropeles del mundo
sin jamás contemplar
el fulgor de las estrellas.

Contemplamos la naturaleza
sin percibir el marco que la sustenta.
Solo nos advertimos de la materia
y sus tentaciones,
sus formas y colores,
lo que nos atrae
y lo que disgusta,
lo que podemos mirar,
palpar, oler, escuchar
y saborear.

El éter es contemplar sin ver,
más allá de las formas,
más allá de los sentidos,
más allá de los límites,
más allá de lo que aprobamos
o lo que rechazamos,
más allá de la imaginación
y donde no alcanzan las palabras,
más allá de nuestros juicios
y nuestras emociones.

El éter es tan indescifrable
como la vida y la muerte,
pues nunca sabes
cuándo empieza una
y acabará la otra.
Es inalterable,
está siempre en dicha
y lleno de tranquilidad y paz,
es puro y lo integra todo.

Es tan inconcebible
que la mente no lo puede penetrar.
Tan insondable como la infinitud.
El éter es la radiancia del alma
que observa silenciosa
sin jamás ser vista
y llora en silencio
al sentir el dolor
de la madre tierra, de los bosques,
los océanos, los ríos y montañas.

Al sentir el llanto de los humanos,
de los animales, las rocas y los árboles.
El alma sonríe en silencio

cuando la mente se calma,
cuando el corazón se expande
henchido de devoción,
cuando se busca el silencio
que habita en el interior,
cuando nos seduce
el misterio más profundo de la vida,
y la atracción de la materia
se transforma en sutileza,
el éter siempre nos acompaña
aunque ni siquiera
consideremos su existencia.

Tan solo los sabios lo veneran.
Cuando oramos
y nos lanzamos al vacío
ante lo desconocido
porque nos importa más
que lo ya conocido,
cuando la rutina del mundo
no nos llena,
y nos entregamos al Maestro
porque Él lo es todo,
el éter se llena de vida.

Cuando nos enamoramos
de lo que no podemos comprender,
lo más Supremo, el Absoluto
cuando amamos sin saber por qué,
aunque la vida gira a nuestro alrededor
con sus valles y colinas
pero el foco está en lo inmutable,
el éter nos contempla complacido
porque el éter es nuestra esencia,
somos el vacío.

La Presencia de Dios

María Olid

LOS CAMINOS DE REGRESO AL PADRE

Este instante puede ser vivido o
puede ser nada más que pensado.
La diferencia es la noche y el día,
es la luz y la oscuridad,
es estar viva o estar muerta.
Este instante es toda mi vida, y
todas mis vidas.
La Plenitud no puede ser
más plena que lo que ya es.
Como el amor no espera ser más amoroso.
Esperar, es la mayor de las fantasías.
El sueño del soñador
le está separando de lo soñado.
Si yo pudiera describir este instante
sería un poema vacío.
Sería una ventana por donde se deja ver
un paisaje de mar, y el mundo,
una imagen reverberando en sus aguas.

De la inexistencia nace el mundo.
Un mundo ondulante.
Un reflejo sin realidad. Un misterio revelado.
Lo creado no pierde su estigma.

El destello de unos
ojos crea el misterio del mundo,
para danzar en ellos, y transitarlos,
en una red extensa
de amor y realidad:
son los caminos de vuelta al Padre.

LA MEMORIA DE UNA FLOR

No puedes ver la belleza si no la expresas,
porque la belleza no es ajena:
se abre en ti, se despliega.
Por eso la belleza se halla en busca del deseo,
y no al revés.
No deseo la belleza,
la belleza se abre en mí.

Como un temporal que agita
y fortalece lo frágil,
si una gota hace sonar lo interno,
como lo frágil reverdece y crece,
porque guarda la semilla de lo eterno.

La belleza intuye el deseo,
el rayo enciende el bosque,
el bosque arde por amor a la luz.

Solo veo la belleza del recuerdo,
y la veo, para ser más yo.
Para ser yo. Para no olvidarme.
No puedes ver la belleza y no expresarla,
la ves porque se extiende,
la ves porque la eres.

No hay belleza que me quiebre
aunque siempre me transforme,
no hay flor que no guarde mi memoria,
su belleza es ahora mi anhelo y mi oratoria.

LA CEGUERA DEL HOMBRE

La palabra adormece tus labios,
oculta su esencia tras la sonoridad que clama,
la palabra que entretiene tu mirada
guarda el significado de un silencio abnegado,
de una nota primordial,
de un silencio furtivo, omnipresente,
la palabra
que hipnotiza tu mente,
aquella de una belleza indescriptible;
si descorres su denso velo,
tras la espesa bruma ignorado,
hallarás el silencio impronunciado y libre,
inmanifestado;
después de todo, Dios no está oculto,
después de todo,
la presencia de Dios es tan acaparadora,
que la ceguera del hombre es ciega,
por la abundancia de su luz.

RETOMANDO LA BELLEZA DEL SILENCIO

VICENTE MERLO

Toda palabra es metafórica. Nos lleva más allá de sí misma. Apunta hacia otra cosa.

¿De qué es metáfora la palabra "Silencio"? ¿Hacia dónde nos lleva? Nos lleva más allá de la palabra, de toda palabra, pronunciada o simplemente pensada. Quizás sea incluso algo más que metáfora: símbolo. En el sentido de que el símbolo nos remite no a algo conocido con lo que se compara, sino justamente a lo Desconocido, quizás lo Incognoscible.

Al principio, diríase que "silencio" es algo puramente negativo. Una ausencia, una nada. Para algunos sugiere sencillamente dejar de hablar. Así, el niño, en el colegio, sabe que cuando el maestro pide silencio significa que deje de hablar. Para otros es una imposición negativa, una prohibición a través de la cual se les impide hablar, se silencia su palabra.

Pero hay también un sentido místico del Silencio, una dimensión más profunda de la realidad, en la cual el silencio no es algo meramente negativo, una carencia, una ausencia. Aquí el silencio, de palabras, de pensamientos, de deseos, de temores, apunta hacia algo que trasciende la mente, algo positivo, con un sabor peculiar. Aquí, el silencio es metáfora de una belleza sin nombre que se revela a nuestra consciencia.

¿Y si "Silencio" fuese el nombre impronunciable de nuestra intimidad más íntima? ¿Y si cuando el silencio desciende a nosotros, nos toma, nos rapta, nos envuelve con su dulzura, algo en nosotros se sintiera ascender, elevarse, abrazado por aquello que desciende? ¿Y si "Silencio" fuera una metáfora, un símbolo incluso, para aquello que somos, desde siempre y para siempre, más allá de toda palabra, de todo pensamiento, de toda acción?

El silencio no se puede "hacer". A veces hablamos de "hacer silencio". Y renunciamos a la palabra. Dejamos de hablar. Acaso como una disciplina. Para algunos, verdadera práctica ascética, a contracorriente de su dinámica psicológica. Pero es entonces, justamente, cuando descubrimos que el silencio exterior, del "mundo exterior", de los ruidos y sonidos que captamos a través de nuestro sentido auditivo es una constante en nuestras vidas. Y del mismo modo percibimos que, en muchas ocasiones, el hablar, el exceso de palabras, las conversaciones, desembocan en un ruido que nos resulta igualmente exterior, que no nos une a los otros, sino, antes al contrario, nos separa de ellos. Incluso nos separa de nosotros mismos. Se puede "hacer silencio" evitando, de algún modo, hablar. Podemos callar, silenciar nuestra palabra.

Es entonces cuando nos enfrentamos a la existencia de nuestros pensamientos. No cuando pensamos deliberadamente sobre un tema concreto, ejercitando así una de nuestras preciadas capacidades humanas, como es el pensar, acaso la esencia del ser "humano." Cuando hacemos silencio de palabras, y cuando se reduce el ruido del mundo exterior, caemos en la cuenta de la ingobernabilidad de nuestra propia mente, del dinamismo automático, inconsciente, no deliberado, de nuestros pensamientos. En algunos momentos, tales pensamientos nos fastidian como "ruido" que nos impide escuchar la música... del Silencio. Pensamientos que, en la mayoría de las ocasiones no hemos buscado, ni deseado, ni construido. Están ahí, o mejor, vienen a nosotros, de desconocidos lugares, generalmente llegan y se van, pero en ocasiones se vuelven pesados, repetitivos, y hasta podemos vivirlos como intrusos, invasivos, indeseados. Nos impiden concentrarnos, o nos impiden dormir, o simplemente nos impiden estar tranquilos. El pensar, amigo cuando es deseado y amable, se torna molesto enemigo de nuestra serenidad cuando se impone a nosotros.

Existe también la disciplina del pensamiento, no solo de la palabra. En esta ya no se trata de acallar las palabras que se pronuncian, de hacer silencio de palabras, sino de controlar el pensamiento, para que no vague. Pues el pensamiento ama vagabundear, andar de aquí para allá, aparentemente sin sentido, sin dirección, sin orden, sin razón de ser. Y si observamos, podemos identificar la dispersión de pensamientos que es casi constante en nuestras vidas. Para evitarlo se han inventado las más diversas técnicas de concentración. Se trata de centrar la atención, esa preciosa herramienta de nuestra consciencia, en un punto determinado: con–centrarse. No importa cuál sea el centro, pero que haya un centro. De otro modo nos sentimos des–centrados, un poco como perdidos, como un niño que corre asustado sin saber muy bien hacia dónde ir.

Cuando cesan los ruidos externos, cuando cesa el flujo de palabras, cuando cesa el vagabundeo de los pensamientos, y sin embargo no caemos en un adormecimiento de nuestra capacidad de ser conscientes, no entramos en un estado de sueño o de somnolencia descuidada y apenas consciente, sucede algo maravilloso: parece emerger y brillar con luz propia la belleza del silencio.

En esos momentos, el silencio muestra dos rostros. Por una parte, la negación, la ausencia de lo que hasta ahora ocupaba el campo de nuestra conciencia: los ruidos, las palabras, los pensamientos. Eso ha quedado en silencio. Y, por un tiempo, dicha ausencia, que supone ya un alivio, un descanso, parece ser todo lo que hay. Pero pronto se descubre que la espalda del silencio–como–ausencia nos revela el rostro del silencio–como–presencia.

Aquí, "silencio" es metáfora, acaso símbolo, de esta presencia indecible, impensable, inconceptualizable. Lo que destaca no es ya el vacío de lo que existía antes y habitualmente, sino lo pleno de lo que es. Vacuidad puede referirse a la ausencia, pero puede ser metáfora pura de esa Plenitud, símbolo de la plenitud de la Presencia innombrable.

También en la Naturaleza se dan multitud de sonidos, pero tras ellos brilla con un esplendor especial el silencio de la naturaleza. El senderista, el montañero, el que camina por los bosques, ha saboreado el silencio de la naturaleza, no menos que los sonidos del viento, de las hojas, de los pájaros. El silencio de la naturaleza es ya un silencio terapéutico. Nosotros, hombres y mujeres del asfalto, escindidos de la naturaleza, en ocasiones ni siquiera echamos en falta ya el silencio de la naturaleza, el susurro del arroyo, la caricia del viento, la tenue y misteriosa luz de las luciérnagas.

Pero, el silencio de la naturaleza, como el silencio de nuestra propia naturaleza interna, psicológica, de nuestros pensamientos y deseos, es también expresión del silencio del espíritu. También el espíritu sopla, en silencio. Y acaricia. Y se saborea, en el campo o en la ciudad de nueve puertas que nosotros mismos somos. Puede saborearse la belleza del silencio.

El Atman es silencio, diremos. El Espíritu es Silencio.

La Palabra, el Verbo, el Logos, Vac, Sabdabrahman es Hijo del Silencio. ¿De dónde iba a brotar, si no? Pero el Hijo Encarna al Padre. Es su Carne. Su Expresión. Su Manifestación. Por eso son dos–en–uno, o uno–en–dos. El Sonido del Silencio, el Sonido primordial, Vibración silenciosa. Música de las esferas. Armonía invisible.

El Silencio del Espíritu es Silencio consciente. Conciencia pura, silenciosa, aunque vibrante y radiante. Conciencia plena. Pleroma. Plenitud. Plenitud radiante. Y Eso eres tú.

Una cosa es el silencio de los órganos, que habla de salud. Otra cosa es el silencio de la mente, que habla de armonía y equilibrio. Más allá, incomprensible para la mente, se halla el Silencio del Espíritu, el Silencio del Ser. El alma habita en ese Silencio. Y, en ocasiones, desde él habla. Ese Silencio no es una cosa, no es cosa. Es nada (*no–thing*) y no es nada (*nothing*). Mas sin ser nada (concreto), ninguna cosa, ningún ente determinado, es la Fuente de donde todas las cosas brotan, el Ser de donde todos los entes toman su ser.

Los silencios menores pueden cultivarse. El Silencio no puede cultivarse. En todo caso, nos cultiva él a nosotros. Falta una cultura del silencio. En este campo, la persona culta, cultivada por el Silencio, no es sino el amante del silencio, acaso el amado del silencio. La belleza del Silencio hace posible el Amor. Se ama la Belleza del Silencio–Plenitud. Amante y amada se funden en la Belleza del Amor. Allí donde no hacen falta las palabras. Pura contemplación. Sin nadie que contemple. Sin nada que contemplar.

El Silencio es como una esfera dorada, sin fisuras:
puro Ser, pura Conciencia, puro Gozo.
Esfera dorada que adopta la forma de un Corazón radiante, ígneo.
El Silencio a veces es viento refrescante, a veces fuego purificador.
Su presencia, la presencia del Silencio, la Presencia, prende
los pensamientos
y estos arden hasta su desaparición.
Esfera ardiente de fuego dorado, en forma de corazón.
Y Eso eres tú.

Y el crepitar de las llamas llena el Silencio.
Y el correr de las aguas del arroyo fluidifica el Silencio.
Y el susurro del viento dinamiza el Silencio.

Y las montañas rocosas anclan el Silencio.

Escuchar el silencio es escuchar el crepitar de las llamas.
Escuchar el Silencio es escuchar la sagrada vibración que recorre nuestro ser.
Escuchar el Silencio es escuchar el curso del arroyo.
Escuchar el Silencio es bañarse en la Vacuidad luminosa que subyace a toda forma. Escuchar el Silencio es escuchar la voz de la Plenitud.
Y agradecer.
El Silencio es la morada de la Gratitud.

***

El corazón del Silencio es la meditación. El corazón de la meditación es el Silencio. Ese silencio presente, esa Presencia del Silencio radiante. Esa plenitud sin fisuras, cual esfera dorada cuyo centro está en todas partes y su circunferencia en ninguna. Ese corazón que abraza todas las cosas, porque todas las cosas están en él, porque él está en todas las cosas. Esa ternura que acaricia sin manos, esa fragancia invisible, ese aroma inconfundible. Esa quietud dinámica, ese movimiento inmóvil, esa música callada, ese gozo inmotivado, ese amor sin razón del "co–razón".

Meditación no factible del Silencio no edificable. Dimensión adimensional que subyace a todas las dimensiones. Delicado canto del alma. Susurros de lo trascendente, mirada serena del Misterio. La meditación no se hace. Nos hace y nos deshace.

Todo en la meditación es preparación para la llegada de la Presencia silenciosa y amorosa, lúcida y gozosa. Primero, solo pensamientos. Posteriormente, el testigo presencia los pensamientos, pero ya no se identifica, al menos no tan totalmente, con ellos. Hay pensamientos, pero son observados en la lucidez silenciosa del testigo. El testigo aparece y desaparece (en los pensamientos). Más tarde desaparecen tanto los pensamientos como el testigo que los observa. Y al desaparecer (en mayor o menor medida, pues la simultaneidad es uno de los rasgos más significativos de nuestra multidimensionalidad) se desvela la Presencia innombrable, la Conciencia ilocalizable, no–local, no–dual. La Presencia y yo no somos dos. La ola sube y baja. El océano (de conciencia gozosa) puede moverse creando olas o permanecer en quietud. El océano también es las olas.

EN-SÍ-MISM-ARTE Y EN-AMOR-ARTE

VICENTE MERLO

El silencio interior es un arte. El arte de entrar en uno mismo, en sí–mismo. Es una especie no de éxtasis, sino más bien de énstasis. Ir eliminando, cual diestro escultor, todo aquello que nos sobra para que aparezca esa obra de arte primordial que es nuestra naturaleza silenciosa, nuestro sigiloso espíritu.

Ni que decir tiene que está en juego nuestra identidad. La meditación que "des–cubre" el silencio, que "des–vela" nuestro Rostro primordial, va atravesando las capas más superficiales de nuestra personalidad, hasta llegar al verdadero Yo, que quizás ya no es un yo. Sin duda no es ya el ego limitado, condicionado y construido con el que solemos identificarnos. Más allá de las categorías de yo (como individualidad limitada, finita, particularizada, partida, separada, fragmentada) y de no–yo (como si aquello a lo que apunta el silencio–como–metáfora no nadase en la conciencia, en la belleza, en el gozo, en el amor), el Silencio irrepresentable brilla en todo su esplendor, revela su autoluminosidad, la autoluminosidad del atman.

El *âtman* es ese Yo que no es yo, ese Yo que (no) es no–yo (*an–âtman*). El atman es el Silencio que no calla, la Quietud dinámica, el Ser de plenitud. La plenitud de ser uno–mismo. El Sí–mismo. Trascendencia de todo lo conocido, de todo lo sido (pues está siempre más allá del pasado, de lo que ya ha sido, como lo está más acá de todo lo que seremos) es, al mismo tiempo, y sin contradicción alguna, lo más íntimamente inmanente. Meditar es "re–conocer" (y "re–ser") lo que somos desde siempre y para siempre. Meditar es el arte de ser uno mismo. Meditar es entrar en ti mismo. Por eso, lo único que tienes que hacer, en el buen sentido de la palabra, es "en–si–mism–arte".

En el buen sentido de la palabra, porque cuando confundimos el "Sí–mismo" con el ego, con el constructo psicológico condicionado, el ensimismamiento no es sino narcisismo. Y en ese caso, el ego se contempla a sí mismo en el lago de la mente, aunque a causa de la agitación de sus aguas su rostro aparezca siempre deformado, arrugado, fragmentado. No importa, los restos de belleza son tomados por la auténtica inmarcesible Belleza, y el amor a sí mismo, al pequeño ego, usurpa el trono del genuino Amor, y la alegría de verse sustituye al verdadero Gozo.

Pero el Gozo, esa serena felicidad que es la fragancia del verdadero Silencio, tiene otro color, otro sabor, otra textura. La Belleza, uno de los rostros del Silencio de las profundidades y las alturas, cuando ya ni abajo ni arriba existe, solo es posible cuando el ego se rinde, se entrega, se somete, se enamora de Aquello que ya no es él mismo. Solo entonces el énstasis se revela como igualmente éxtasis. Y uno, al entrar en Sí, sale de sí, y descubre a los otros, encuentra todo lo otro, aquello que, al principio, parece no–ser, no–ser él, no–ser yo. Encuentro amoroso, unión gozosa, al salir de sí, para entrar en Sí y en los otros, en el Sí de los otros, en el ser de los otros, que es el Ser–mismo, el mismo Ser, en mí que en ti, en él que en ello. Y descubrir que solo en el Silencio puedes "en–Amor–arte". El arte de la meditación es el arte de "en–Amor–arte" a través del "en–Sí–mism–arte".

APÉNDICE I

CONSEJOS PARA MEDITAR
GHISLAINE GUALDI/PASTOR
(OMNIA)

(26/11/1986)

PREGUNTA: Para meditar hay que ser capaz de concentrarse bien. ¿Nos puedes dar consejos, incluso técnicas de concentración, con el fin de poder alcanzar ese estado de perfecta calma que nos permite entrar en contacto con nuestro yo superior o con la Jerarquía?

RESPUESTA: Es un hecho que para meditar uno debe ser capaz de concentrarse, y esta concentración depende del estado de paz interior adquirido, por lo tanto, de una cierta forma de relajación.

Si la meditación no es accesible a la mayoría de los seres humanos, es porque la mayoría de los hombres luchan con sus problemas, sus fantasmas, sus traumas y tan pronto como cierran los ojos todas estas cosas salen y no permiten una relajación total, una concentración absoluta.

Dar una técnica de meditación es dirigirse únicamente a aquellos que pueden meditar. Esto no significa que vaya a descartar el tema, sino que simplemente específico que antes de comenzar una técnica de meditación primero hay que apuntar a hacer ese trabajo interior, ese trabajo sobre uno mismo. Ya sea que te lleve un día o diez años, hazlo. Esta es la verdadera solución.

***

El hombre tiene un gran problema de falta de energía. Debido a una vida demasiado material, a causa también de una civilización demasiado avanzada a nivel tecnológico. Todo esto acaba por desvitalizar su ser. Una vez alcanzada esta referencia de respeto, captar energía en una primera etapa puede convertirse en una verdadera meditación o al menos un ejercicio. Captar energía es muy fácil. Es sobre todo un trabajo de visualización, sea cual sea el egregor al que pertenece tu mantra y al que te conectas. Si formas parte de una escuela esotérica, usa la invocación de esa escuela o usa la palabra o el sonido. Si eres parte de un movimiento oriental, usa el mantra, y si no formas parte de nada, pues precisamente es el momento de elegir.

Esto no quiere decir que debáis pertenecer a alguna cosa. Porque actualmente existen escuelas suficientemente universales para que os presten sus enseñanzas, su llave, su puerta, sin obligaros a tatuaros con el sello del templo terrenal.

Por lo tanto, elegid una clave vibratoria. En otras palabras, una fórmula. Si no quieres pertenecer a algo y tener una clave que sea universal y una llave maestra, puedes usar muy bien el *Padre nuestro*, pero necesitas absolutamente una clave o un sonido. Los sonidos solo funcionan en la medida en que perteneces a un templo esotérico. Porque solo en el templo se te da el conocimiento de estos sonidos. Así que pronuncia esta clave y visualiza que estás entrando en el egregor del fuego, del movimiento al que perteneces o, si no perteneces a nada, que estás entrando en la danza del fuego del Sol. Hoy te colocas allí por unos momentos. Te concentras bien en el corazón del Sol que imaginas brillante. Dale el color dorado y radiante del poder. Y deja que toda la sustancia solar penetre en cada una de tus moléculas, como si estuvieras bajo una cascada.

A continuación, regresa a tu posición sentada y haz un trabajo desde tu plexo solar. Porque tienes que empezar con él. Imagina, de la misma manera que existe el cordón de plata, que un enorme cordón umbilical comienza a elevarse y a conectarse al Sol. Tomas energía de ahí para que limpie tu plexo solar. Luego mueves el cordón, lo pones en cada uno de tus chakras para que cada chakra se regenere.

Puedes emplear todas las visualizaciones que quieras, pero enfócate en el Sol. No tiene sentido hacer visualizaciones que capten energía si no hay una referencia mental al Sol, porque es el Sol el que envía las energías.

También puedes construir una pirámide etérica en un lugar de tu casa donde meditarás diariamente; lo eliges y ya no lo cambias. Te sientas con las piernas cruzadas, porque para usar la pirámide es mejor sentarse de esta forma. Pero puedes sentarte en una silla y, con concentración, te imaginas que estás en una pequeña pirámide a tu medida. A medida que trabajes construirás una, de manera etérica, de modo que cuando te coloques en el mismo lugar para meditar, desencadenará automáticamente el proceso de regeneración y ya no necesitarás crear la pirámide.

También puedes regenerarte simplemente teniendo una vida mejor, prestando atención a lo que respiras, lo que piensas, cómo te comportas. Cuál es la posición de tu cuerpo, si no estás demasiado encorvado, si no tienes las caderas demasiado desalineadas.

¿Por qué es crucial? Simplemente para la transferencia de energías por el circuito mismo. Alguien que tiene una mala postura, que se sostiene de una manera deforme, crea en algún momento resistencias en el etérico, Ya que la energía va del cuerpo físico al etérico y viceversa.

Al mismo tiempo que desarrollas respeto, desarrolla en ti una buena postura para que todas las energías y la respiración se hagan de una manera natural y profunda. Si tu postura no es buena, respirarás mal. Si tienes tensiones energéticas en el pecho, estas alteran tu ritmo cardíaco y, en cualquier caso, alteran tu estado de ánimo. Así que enderézate, hijo, levántate, respétate, Colócate en el Sol y luego deja que la intuición haga las cosas.

***

También hay una cosa crucial que regenera, pero que solo se puede hacer en ciertas épocas del año, porque, de hecho, la regeneración no es un problema cotidiano, como los seres humanos creen. Actualmente el ser humano cree que necesita la energía de Dios tan a menudo como necesita comer. Eso es falso. Una buena comida dura mucho tiempo. Pero ya no sabes ni comer, necesitas tres comidas al día. Así que, de la misma manera, necesitas muchas meditaciones para estar seguro de que tienes mucha energía.

De hecho, una sola comida sería suficiente, si comieras de forma natural. De la misma manera, el hombre en comunión con el sol, para mantener en él la juventud, la salud, la regeneración, solo necesitaría dos comuniones al año; en los solsticios, y eso es todo.

Si queremos llegar al fondo de las cosas, tendríamos que cambiar completamente la forma de vida. Sin embargo, eso no es posible, pero debemos decir las cosas como son. La humanidad tendría que empezar a celebrar los solsticios de nuevo para esperar no estar enfermo el resto del año, para tener suerte el resto del año. Debemos recrear esos festivales solares para reconectarnos con el *prana* solar, para volver al movimiento solar, cosa que el hombre ya no hace. Pone su vida en el movimiento de la Luna y de la Tierra y vive solo en relación con estos dos planos, su memoria y su personalidad. Si vives en relación con tu alma, te digo, vives en relación con el Sol y tomas tus dos grandes alientos en el momento de los solsticios.

No sirve de nada inventar pirámides, ejercicios de respiración o cualquier otra cosa. Todo esto, de hecho, es solo un trabajo menor, es de poca eficacia en comparación con la regeneración que podéis obtener en esos momentos, que deben ir precedidos de un ayuno total, en el que solo habréis bebido para purificaros, lavaros y prepararos para un renacimiento del espíritu, un renacimiento molecular. Porque el Zodiaco llega en ese momento a una posición determinada que permite el proceso.

***

Pero volvamos a tu día a día. A tu vida tan parasitada por la ignorancia, a todo lo que has olvidado para hacer, de todos modos, algo.

Entonces ¿cómo podemos meditar? Si realmente queremos hablar de meditación, solo puedes conseguirlo si haces el trabajo de limpieza del que hablamos. Y antes de llegar a esa etapa, tómate el tiempo para relajarte y captar la energía. Al relajarte, casi automáticamente captas energía. Cada vez que alejas las tinieblas, la luz entra. Y hay métodos de relajación que puedes usar, o inventar tu método, pero para que la relajación sea efectiva siempre debe ser guiada. Porque la mente necesita el apoyo del orden, no tiene nada que ver con la hipnosis, pero el enfoque es casi el mismo.

Cuando te das cuenta de que tienes más estabilidad, que ya no te enfadas por tal o cual cosa, que actúas con desapego ante los hechos o que tienes una forma de conocimiento espontáneo de las cosas, entonces es el detonante, el clic para que pases a la verdadera meditación.

Hay tantas maneras de meditar como caminos existen, pero no hay tantas maneras de meditar como grupos y templos. Simplemente cada vía tiene su propia manera de meditar. Una será más devocional, otra más mental y otra más ritual.

Conociéndote a ti mismo, habiendo hecho todo el trabajo del que hablamos antes, serás capaz de elegir tu camino, orientarte en él de manera invisible. Si te doy una técnica, hoy está muy bien, estarás contento. Pero quizás en un año o dos te revelarás como alguien interesado en la vía oculta, inclinado por la vía devocional o la vía religiosa, y entonces este tipo de meditación ya no te resonará.

Hasta que encuentres tu camino, debes hacer una meditación que sea lo más neutra posible, que sea la renuncia, abandono del yo.

No debes decirte, "el hermano Pastor ha proporcionado una meditación, así que es la meditación de mi camino". No. Cuidado. Las vías existen, las meditaciones ya existen, pero depende de vosotros encontrar vuestro camino. A la espera de encontrar ese camino, os puedo dar algunas indicaciones, pero es solo un trabajo preparatorio que no necesariamente conviene a todo el mundo, porque algunas personas ya están muy marcadas por clichés que determinan sus energías y estados de ánimo.

***

Solo puedo aconsejarte que empieces con la Gran Invocación, que ya conoces. Te aconsejo que pongas cuatro velas. Tres colocadas en triángulo con la punta orientada hacia el este y la cuarta en el centro. Al pronunciar la primera estrofa de la Gran Invocación, encended la primera vela, que apunta hacia el este. Al pronunciar la segunda estrofa, encended la segunda vela. En la siguiente, la tercera vela; y por último, la vela que está en el centro, que es, al mismo tiempo, la luz más importante.

Esta es la base que os permite entrar en contacto con el egregor que actualmente es el más universal y que sencillamente es el egregor de la Logia Blanca. Porque, de hecho, mientras te refieras a egregores específicos, elegirás templos específicos. Actualmente el movimiento de universalidad ya ha comenzado y es simplemente la exteriorización de la Jerarquía, o sea la Logia Blanca, lo que está causando el fenómeno.

Así que todo lo que utilices procedente de la enseñanza que emana de esa fuente será forzosamente algo universal. En el interior de esta universalidad podéis encontrar vuestra vía específica, que podrá ir desde la vía devocional hasta la vía más oculta. Todas las vías residen en esta universalidad, en este templo.

El mensaje dado en realidad es neutro y eres tú, de acuerdo con tu temperamento iniciático, quien le dará un aspecto a la cosa, por lo tanto, quién construirá una vía a partir de un camino ¿Me has entendido?

***

Así que recita esta gran invocación. Colócate en la postura de meditación que más te convenga y, si es posible, vestido con una prenda que te diferencie del mundo profano. Por supuesto, no es indispensable que estés vestido de manera diferente, pero es bueno cambiar de piel, fijar en la mente, en la actitud del cuerpo, un cambio radical. Ponte una manta blanca en los hombros o una capa blanca que te cubra por lo menos hasta la cintura. No hablamos de ponerse un vestido blanco, puedes hacerlo si quieres, pero ten el instinto de diferenciar tu lado consciente de tu lado inconsciente; tu estado de personalidad, de tu estado de discípulo.

Cuando entras en un templo, llevas un vestido. ¿Por qué ese símbolo del vestido? No es por casualidad, no es porque sí; el símbolo del vestido es simplemente el símbolo de la uniformización, de la universalidad del alma. Ya no eres el que viene de fuera. Ya no eres el profano, el hereje. Te conviertes en esa semilla espiritual que, bajo el fuego de la llama invocada, debe brotar.

El vestido es también el anonimato, la máscara que se cae. El alma es anónima porque es universal. Mientras que la personalidad tiene un nombre. En el templo nadie debería llevar un nombre, solo debería resonar un nombre: hermano y hermana. Y punto. En el templo solo hay universalidad, fusión, comunión, unión.

En tu meditación debes encontrar exactamente la misma atmósfera, recrear exactamente los mismos requisitos, porque en ella se aplican las mismas leyes que en un Templo.

Y antes de ir a tu meditación, con antelación, prepárate 5 o 10 minutos diciendo mentalmente: "Voy a entrar en meditación. Voy a hacer mi meditación o mi trabajo de relajación. Señor, envíame a tus Guías, envíame a tus Ángeles, ayúdame, ven a trabajar en mí, ven a transformarme, ven a hacerme comprender esto o aquello". Avisa a todos los Guías que te rodean y que no esperan más que esto, pero necesitan una orden.

Cúbrete con tu capa blanca. Haz la señal de la Cruz, para los que aman este gesto. O cualquier otro pentáculo. Y enciende las velas, recitando la Gran Invocación, que es universal.

No quiero entrar en un esquema demasiado ritualista porque algunas personas podrían decirme que una meditación no necesita todo esto. Digo sí y no. Digo que no, cuando eres capaz de alcanzar instantáneamente el estado de meditación. Digo que sí, si es un trabajo alquímico que debe transformarte a medida que avanzas.

***

¿Por qué el gesto? Es importante. Porque debemos entrar en todos los aspectos complementarios. Se necesita el sonido. Y es lo que haces cuando dices la Gran Invocación u otra cosa que hayas elegido. Es necesario el gesto porque en todos los actos alquímicos, mágicos, en todos los actos de la vida están estos dos aspectos, sonido y movimiento, palabra y gesto. Y hay un tercer aspecto que es el silencio, la síntesis de los dos primeros.

Cuando haces un gesto transmites tanta energía como cuando pronuncias algo. Cuando haces un símbolo, cuando lo dibujas sobre ti mismo, generas exactamente esa misma energía, pero como un movimiento. Un brazo cuando actúa no solo hace movimientos visuales. Mientras la mano gira se genera un círculo de energía, porque de los dedos, de la palma de la mano, de cada extremidad de tu cuerpo, se emiten energías que van al cosmos, que se descargan cuando das un apretón de manos a alguien, y si es negativa, lo envenenas.

Todo circula de esta manera. Así que cuando haces una señal sobre ti mismo, ya sea la señal de la Cruz o el sello sagrado del Logos planetario, también llamado el sello de Salomón, o cualquier otra Cruz o cualquier otra señal que sepas que es apropiada para este tipo de cosas, la incluyes en tu cuerpo etérico. Haciendo el gesto, dado que la energía sale de tu palma y de tus dedos, incluyes esta energía en tu cuerpo etérico, lo que te hace imprimir un sello en ti.

***

A continuación, siéntate en posición de loto, o al menos con las piernas cruzadas. Estar sentado es la mejor manera de concentrar energía, porque en ese momento el hombre corta la energía que se va por las extremidades y fuerza las energías a trabajar hacia arriba, por lo que hace funcionar su kundalini.

Si realmente quieres trabajar la kundalini, esta es la posición que cualquier maestro te dará y te ordenará. Es la razón por la que en algún momento de la evolución los hombres se encuentran como tibetanos en el Templo. Todos tienen una encarnación en un cuerpo tibetano, en un templo tibetano, en un lugar que permite estos ejercicios.

Si no puedes sentarte en la postura del loto, al menos prueba con las piernas cruzadas. Si por razones de salud no puedes hacerlo, siéntate en una silla. De hecho, en la posición del faraón, con los pies descalzos en el suelo y si tienes frío con grandes calcetines de lana, tu kundalini puede igualmente ser despertada por la energía y puede igualmente elevarse. Será de manera derivada, pero no más lenta, por el hecho de que estás conectado a la tierra. Puedes completar la posición del faraón poniendo tu mano en el corazón para otra fase de regeneración.

Tan pronto como pones tu mano sobre el corazón, cierras el círculo. Y un círculo cerrado se convierte en la señal del infinito y la sublimación puede tener lugar.

Esta es una posición que puedes adoptar, pero hay muchas otras que corresponden, una vez más, a otras vías. Pero no debemos permanecer en esta posición por mucho tiempo. Por un lado, porque no es necesario y por otro, porque una meditación que te va a llevar a un viaje de la conciencia no puede tolerar la tensión en tu brazo. Así que mantén la posición mientras no te moleste. Luego, descansa tus manos y en vez de ponerlas sobre tus muslos, dales la vuelta para estar en el fenómeno de la fusión. Ya no captas, te fusionas. Después, deja que tu meditación siga como quiera, deja que te penetre.

La meditación es un fenómeno energético consciente. Para llegar a ese fenómeno consciente, utiliza la visualización, utiliza el orden, el orden mental. Así la estás dirigiendo. Y cuando desarrollas la meditación todo el fenómeno alquímico es para darte la intuición de lo que debes hacer y ejecutar en ti lo que debe ser ejecutado.

***

Dar técnicas de meditación sería como dar una para cada individuo. Porque para que una meditación sea útil de manera universal, debería ser ante todo terapéutica. Por eso los individuos están actualmente insatisfechos con la meditación de los Iniciados, de los discípulos, porque no da sus frutos a las personas que tienen problemas, que todavía tienen demasiada ignorancia y que deben instruirse, que necesitan desapegarse, que tienen que trabajar sobre sí mismos.

La meditación es ante todo un acto de comunión. Esta comunión solo puede tener lugar si estáis preparados. Así que haz todo lo que sea necesario para prepararte para la comunión. Y no te preocupes si una meditación funciona mejor que otra.

Actualmente muchas personas van de gurú en gurú, de técnica en técnica, esperando encontrar la meditación que más les convenga. Y aunque solo sea durante dos semanas, dicen: "esta es una meditación fantástica, por fin he encontrado al ser inspirado, mi maestro, porque me dio la meditación que necesitaba".

Todas las meditaciones son adecuadas si se trata de una meditación que se acerca al tipo de problema que tienes. Como resultado, muy pocas personas pueden meditar en este momento. Ante todo, hay que prepararse para la comunión.

Trabaja en ti mismo, relájate y cuando sientas en ti mismo una mejoría, entonces sí, comienza la meditación. Y cuando llegues a ese punto no tendrás que preguntarme nada más. Tu Guía, que siempre te ha acompañado, te guiará en tu camino hacia tu grupo, hacia tu ritual específico. Yo solo reúno. Te doy elementos de preparación, el círculo interior es para más tarde.

APÉNDICE II
SOBRE PASTOR/GHISLAINE GUALDI
(VICENTE MERLO)

Al releer el apéndice anterior, he pensado que merece la pena presentar un poco a este tándem que forman Pastor (la fuente de las canalizaciones) y Ghislaine Gualdi (el canal a través del cual se expresaron), pues es posible que algunos de quienes leáis estas páginas os quedéis deseando saber un poco más acerca de ellos. Y he pensado que será suficiente con compartir lo que escribí ya en mi obra *Buscadores de sentido*.[15] Allí hablé de distintas brújulas que pueden orientar nuestro caminar. Fue en la octava de tales brújulas, en la que denominé "brújula gnóstico–esotérica", donde incluí la influencia recibida de Pastor. Decía allí lo siguiente:

Entre la multitud de influencias recibidas en el cada vez más amplio y diverso campo de las enseñanzas esotéricas contemporáneas, destaca otra de manera muy especial. Las enseñanzas de OMnia, nombre utilizado para las transmisiones ofrecidas por Ghislaine Gualdi, cuya fuente ofrecería el nombre de *Pastor* (aunque el idioma empleado era el francés). Si tuve acceso

15 Vicente Merlo, *Buscadores de sentido: Guía del explorador psicoespiritual*, Barcelona, La Llave, 2022.

a Blavatsky, Besant, Leadbeater, Steiner, Bailey y Beltrán antes de viajar a la India para esa estancia de dos años de duración –que quizás tendré que retomar y explicar un poco más adelante–, el conocimiento de OMnia tuvo lugar durante el año que pasé en Francia, al volver de Pondicherry. Viviendo en el sur de Francia (Lourmarin, cerca de Aix–en–Provence), oímos hablar muy bien de una comunidad que ofrecía conferencias y cursos en Lucinges, más bien por el noroeste de Francia. Y la primera vez que fui, estaban viendo la grabación de una de las sesiones que Ghislaine Gualdi ofrecía en la comunidad de Lucinges. Nos gustó tanto que preguntamos cuándo habría de nuevo alguna sesión. Y, al cabo de dos meses, volvimos para tener la oportunidad de escucharla en vivo y en directo. Recibí una profunda impresión.

En ese momento, yo todavía no había profundizado demasiado en el llamado mundo de las «canalizaciones», un fenómeno muy relacionado con la New Age, aunque no puede decirse que sus fronteras coincidan totalmente. Tampoco OMnia (Ghislaine) utilizaba ese término. Diría que empleaba la palabra «transmisiones», que la verdad es que me gusta más. Pero, poco importa el término. Lo cierto es que entramos en la sala, en la que seríamos unas cien o ciento cincuenta personas. Previamente, se podía haber formulado preguntas por escrito, de entre las cuales algunas serían leídas a Ghislaine, quien, tras entrar en un profundo trance o en un estado de meditación, procedía a responder.

La impresión que recibí de Ghislaine es que era muy joven, no sé si más cerca de los veinte o de los treinta años, pero, en cualquier caso, no parecía haber correspondencia posible entre la edad de esa joven, de la que nada sabía, y la impresionante sabiduría amorosa que salía incansablemente por su boca. Desde los contenidos más concretos y cotidianos, de una sabiduría práctica, aplicada, hasta las explicaciones cósmicas más complejas y sofisticadas, con referencias a la evolución de la humanidad y del Cosmos, a la existencia de Maestros de Amor y Sabiduría (uno de los cuales diríase que estaba hablando a través de la joven Ghislaine), con apuntes sobre el futuro inmediato de la humanidad. Todo ello con una fluidez, con una dulzura y, sin embargo, con una inmensa autoridad intelectual y espiritual que rezumaban cada una de sus palabras. Creo que eso podría ponerse como un buen ejemplo de lo que aquí estoy llamando «la brújula gnóstica». En toda esa asombrosa transmisión, sentado allí en una sencilla silla, rodeado de más de cien personas que mantenían un silencio expectante y respetuoso, viví también un fenómeno difícil de contar, pues apenas puede transmitirse su significado y su calado. Era la intensa y clara sensación de que ese Maestro, esa Sabiduría, que se expresaba a través de Ghislaine, a partir de algunas de las preguntas, parecía estar respondiendo a algunas de mis más profundas inquietudes, de mis interrogantes más hondos. Salí de allí asombrado, en un estado de plenitud, como si lo allí vivido hubiera sido mucho más que una transmisión de conocimientos. Diríase que se había creado un campo colectivo de conciencia–energía que elevaba nuestras almas, llenaba nuestros corazones, y dejaba satisfechas y en paz a nuestras mentes.

Al dejar Lucinges, supe que las sesiones quedaban grabadas en audio (no en vídeo todavía) y, durante al menos una década, estuve disfrutando de sus palabras, de su campo vibratorio, de su sabiduría amorosa, a través de las docenas de casetes, pues ese era el soporte entonces, que fui pidiendo por correo, incansablemente, impregnándome de esa actualización de la sabiduría posteosófica, de esa clara expresión de un conocimiento que bien merece el nombre de Gnosis.

SOBRE LOS AUTORES

Andréia Muller

Consultora especialista en imagen personal y de marca, máster en comunicación social y psicología holística, y terapeuta en múltiples áreas. Amante de los viajes, la fotografía y las filosofías orientales, las cuales estudia y practica desde 2008.

Elena Piles

Descubrí mi vocación literaria desde la infancia y he dedicado mi vida a la literatura y la espiritualidad. Siempre he sentido una profunda inquietud por los dilemas éticos y el poder del lenguaje, como un modo de tender puentes universales, encontrando en la poesía mi forma de expresión más auténtica. Para mí, escribir no solo es un arte, sino una necesidad vital, un viaje interior que surge de las profundidades y carga con el peso de la memoria y la trascendencia.

Juan Ramón Blanco

Soy abogado en ejercicio (ICAM) desde hace 28 años. He cursado un título propio UCM, de "Retórica y Argumentación jurídica", y un máster en Ciencias de las Religiones

(UCM). He vivido un año en India, entre Auroville y Pondicherry, y soy un apasionado del Yoga Integral de Sri Aurobindo y Madre.

Julián Sánchez

Estudié teología, filosofía y psicología, sobre todo. Me siento buscador integral y amante de la esencia del ser a tiempo completo.

Lina Weltschewa

Comunicadora multilingüe, canalizadora, facilitadora y formadora de Técnica Estructural, aplico diversos métodos para sentir la unión de cuerpo, mente y alma (Sonoterapia, cantos armónicos, cuencos planetarios, Reiki Angélico y otros).

Lluïsa Vázquez

Soy una guerrera de la luz y eso significa una búsqueda constante de significado de mi vida en este planeta Tierra. Me gustan las estrellas y nuestro sistema solar, dentro de esta maravillosa galaxia. Soy astróloga profesional y miro los aspectos planetarios todos los días. Medito todos los días, haciendo un viaje astral, para comunicarme con mis guías. Canto, pinto y escribo.

Maria Olid

Soy mirada para la Poesía y para la transformación. Poesía porque es el lenguaje del Cosmos, y porque solo desde la poesía se puede explicar este estado de transformación permanente que es la vida.

La esencia se muestra ante unos ojos que, por encima de todo, tengan el deseo irrevocable de querer ver. Ese deseo es la mirada, es consciencia de unidad. El Amor no se impone, está ante ti, en ti, esperando ser elegido.

Marta Bort

Soy una mujer con grandes inquietudes, siempre me defino como una buscadora de conocimiento. Debido a un dolor de espalda empecé a practicar yoga y poco a poco me fui sumergiendo en este mundo. Estudié durante cuatro años para ejercer de profesora de yoga, también durante 3 años ayurveda y finalmente cursé dos años en la AEPY para formar a profesores de yoga. No concibo mi vida sin el yoga y la meditación.

Mónica Esgueva

Fundadora del *Ascension Institute*, autora de 9 libros, guía espiritual, profesora, trotamundos, mística y artista.

Montse Fusté

Soy filóloga y he seguido toda la vida estudiando. Llevo cerca de una década vinculada a Akasha.

Olga Martínez

Mis siglas "O.M." ya me marcaron un camino de búsqueda del ser "a ciegas". Con mi karma: trabajadora de la ONCE, vendedora de cupones en el centro de Barcelona; y mi dharma: como profesora (y eterna alumna) de yoga y meditación.

PURI GARCÍA

Licenciada en Geografía e Historia. Escribir es conectar y aliviar el alma para expresar mediante palabras aquello que no podemos entender.

RAMON RABINAD

Contable, exempresario, exprofesor asociado en la Facultad de Economía de la Universidad Autónoma de Barcelona (UAB).

VICENTE MERLO

Filósofo y escritor, es autor de unos veinte libros.

Editado en la Montaña de los Ángeles

Equinoccio de Primavera 2025

∴

Los beneficios editoriales de esta obra van destinados
a la Fundación Dharana y sus proyectos

www.dharana.org

Made in the USA
Monee, IL
10 September 2026

62771013R00090